하루 10분
인문고전
독서의 힘

하루 10분 인문고전 독서의 힘

초 판 1쇄 2021년 05월 13일
초 판 2쇄 2023년 11월 30일

지은이 박상용
펴낸이 류종렬

펴낸곳 미다스북스
본부장 임종익
편집장 이다경
책임진행 김가영, 박유진, 윤가희, 이예나, 안채원, 김요섭

등록 2001년 3월 21일 제2001-000040호
주소 서울시 마포구 양화로 133 서교타워 711호
전화 02) 322-7802~3
팩스 02) 6007-1845
블로그 http://blog.naver.com/midasbooks
전자주소 midasbooks@hanmail.net
페이스북 https://www.facebook.com/midasbooks425

© 박상용, 미다스북스 2021, *Printed in Korea.*

ISBN 978-89-6637-909-5 03190

값 15,000원

인간이 배워야 할 모든 것이 인문고전 안에 있다!

하루 10분 인문고전 독서의 힘

박상용 지음

미다스북스

고전(古典)하면 생각나는 게 뭘까? 아마도 옛날 것, 오래된 것, 고리타분한… 정도가 아닐까 싶다. 사실이 그렇다. 고전(古典)은 말 그대로 예전에 만들어진 것, 옛날 것이다. 그리고 문학의 역사에서 인정받는 작품혹은 높이 평가되는 '문학예술 작품'을 말한다. 더 나아가 고전(古典)은이런 문학적, 예술적 작품을 넘어 질적인 가치와 인정 그리고 후세에 끊임없이 영향을 주는 작품을 말한다.

우리는 매일매일 새로운 것을 배운다. 하지만, 무에서 유를 배우는 것도 좋지만 유에서 새로운 유를 배우는 것도 하나의 지혜라고 본다. '온고지신(溫故知新)'의 말처럼 우리는 옛것을 읽히고 그 옛것을 통해 새로운걸 알아가고 배워가는 것이다. 어쩌면 이 한마디가 우리가 '인문고전(人文古典)'을 읽고 배워야 하는 이유일지도 모르겠다.

4차 산업혁명 시대, AI 인공지능 그리고 찾아온 코로나19 팬데믹은 우리의 삶에 여러 가지 변화를 가져왔다. 그중에서도 단연코 가장 큰 변화는 '언택트 시대'로의 돌입이라고 생각한다. 언택트는 '간단하게 접촉한다'라는 뜻으로 영어의 'Contact'라는 단어와 부정의 접두사 'Un'이 만나

새롭게 만들어진 'Untact(언택트)'라는 신조어다. 말 그대로 접촉이 없는, 비대면을 말한다. 이처럼 언택트 시대에 살아가고 있는 우리는 사람과의 만남과 관계가 부족해짐에 따라 사람들 간의 감성, 마음, 공감, 그리고 관계 등도 함께 멀어지고 있는 현실과 마주하고 있다.

이러한 현실 속에서 강조되고 또 강화해야 할 것이 있다면, 그것은 바로 '인문고전(人文古典)'을 통해 나를 바로 세워야 한다는 마음 자세라고 생각한다. 특히 한참 뛰고, 땀 흘리고, 학문에 매진해야 할 시기에 온라인 교육으로 대체된 학업 환경 속에서 청소년들의 피해가 크다. 그중 동급생들과 크고 작은 문제 속에서 형성되는 우정과 이해관계의 결여는 상호교류 면에서도 가장 걱정되는 부분이다. 또한 사제 간의 교류와 교육으로 만들어지는 인성교육에 대한 부족은 더욱더 걱정해야 할 문제이다. 게다가 가정 내에서 발생하는 부모와 자식 간의 소통 문제는 우리가 풀어야 할 또 하나의 숙제이다.

더 나아가 사회적으로 들어가보면 그 우려의 목소리는 더욱 높아지고 있다. 기업의 존망과 미래에 대해 준비하는 '경영자' 입장, 기업 내 단위별 조직의 유지와 성과를 책임지는 '리더'의 입장, 조직 내 각 개인 업무에 대한 성과와 성장, 그리고 생존을 우려하는 '사원'의 입장은 각기 다를 수밖에 없다. 언택트 시대의 업무 형태는 기업 내 '생산성, 정보공유, 의

사결정' 등과 같은 효과성에 대해서는 문제가 없다고 하더라도, 조직 내 구성원들 간의 협력이나 유대감 그리고 연대감의 저하는 막을 수 없다.

따라서 변화하는 현대 사회에 적응하고 또 다가오는 불확실한 미래에 생존하기 위해서는 끊임없이 배우고 자기계발에 힘써야 한다. 이처럼 나를 바로 세우고 마음가짐을 바르게 잡기 위해서 지금은 우리가 또다시 고전(古典)의 힘을 빌려야 할 때라고 생각한다.

필자가 어릴 적 형제간의 다툼으로 아버지께 처음으로 들었던 말이 있다. 남자 형제들은 싸우고 다투면서 커가는 것이라고 한다. 하지만 학창 시절 내가 형제간에 다툰 건 그때가 처음이자 마지막인 것 같다. 형에게 대들다가 형의 업어 치기 한판으로 기절하고 사건은 종결되었지만, 결국 아버지의 호출로 우리 둘은 불려갔고 훈계 속에서 들었던 말이 '근본이 서면 나아갈 길이 생긴다.'라는 본립도생(本立道生)이다. 결국 근본(根本)이 바로 서야 한다는 말이다. 아버지의 말씀 중 이 '근본(根本)'이라는 말이 내게는 가장 기억에 많이 남았다.

당시 근본(根本)이 없으면 소나 돼지와 같은 짐승이라고 했다. 어린 나이에 들었으니 내게는 무섭게 들렸던 거다. 말씀의 요지는 부모에게 효도하고 형을 공경해야 한다. 무릇 윗사람을 공경해야지 무례하게 굴면,

결국 형제간뿐만 아니라 부모와 자식 간에도 위계질서가 무너져 사람의 근본(根本)이 없어진다는 것이다. 그러니 사람이 아니라 짐승이나 다를 바 없다는 말이다. 지금 생각하면 '훌륭한 말이네.'라고 생각하겠지만 당시는 정말 무서웠다.

"有子 曰
　其爲人也孝弟而好犯上者, 鮮矣
　不好犯上而好作亂者, 未之有也
　君子務本, 本立而道生, 孝弟也者, 其爲仁之本與"

"유자왈
　기위인야효제이호범상자, 선의
　불호범상이호작란자, 미지유야
　군자무본, 본립이도생, 효제야자, 기위인지본여"

'본립도생(本立道生)'은 『논어(論語)』의 「학이편(學而篇)」에 나오는 말이다. 공자의 제자 중 유자(有子)가 '효'와 '공경'에 대한 중요성을 강조하고 말한 데서 유래한 것이다. "그 사람 됨됨이가 부모에게 효도하고 형을 공경하면서, 윗사람에게 무례하게 구는 것을 좋아하는 자는 없다. 또한 윗사람에게 무례하게 구는 것을 좋아하지 않으면서 반란을 일으키기 좋아하는 자는 아직 없었다. 군자는 근본(根本)에 힘쓰니, 근본(根本)이 제대로 서면 '도(道)'가 발생하는 법이다. 그러하기에 부모에게 효도하고, 형을 공경하는 것은 '인(仁)'을 행하는 근본일 것이다."라는 말이다.

덕분에 나 역시도 집에서 강조하는 말 중 하나가 본립도생(本立道生)이 되었고, 언제나 아이들에게 훈계할 때는 근본(根本)을 중시하며 이야기한다. 내가 이 말을 활용하는 걸 보면 조기교육이 무섭긴 무섭다. 오늘날과 같은 사회적 거리두기니, 비대면이니, 팬데믹이니, 그리고 언택트니… 하는 세상에서 나를 잡아줄 금 동아줄은 내가 보기에 분명 '근본(根本)'이 아닐까 싶다.

인문고전의 독서가 극히 평범했던 나였지만 꾸준함과 끈기로 다가가다 보니 이제는 소화할 만큼의 지식을 넘어 생각과 성찰의 지혜를 조금씩 얻고 있는 것 같다. 그렇다고 거창한 지혜를 얻은 성인(聖人)과 현인(賢人)을 말하는 건 절대 아니니 오해하지 않기를 바란다. 단지, 인생을 살아가면서 만나게 되는 크고 작은 일들에 대한 대처력(對處力)이 좋아졌다는 정도로 봐주면 좋겠다.

아테네 시민들의 무지를 일깨우고 신을 모욕한 불경죄와 거짓말로 아테네의 젊은이들을 혼란에 빠뜨린다는 죄목으로 사형선고를 받은 소크라테스! 그는 자신의 무죄를 변론하면서 다음과 같이 말했다고 한다. "내가 진실을 말하고 있다는 것은 나의 가난이 증명하고 남는다." 빗대서 말하면 "필자가 인문고전으로 인생의 삶이 바뀌었다는 것은 부족한 필력이지만 작가가 되었다는 것이 증명하고도 남는다."라고 말할 수 있다. 『하루 10분 인문고전 독서의 힘』이 인문고전을 접하는 독서자분들께 조금이라도 도움이 되기를 바라며 오늘부터 여러분도 '근본(根本)'에 대해 다시 한번 반추하길 바란다.

이 자리를 빌려 매 순간 묵묵히 참았던 모든 감사의 인사를 아내에게 하고 싶다. 불철주야(不撤晝夜) 밖에서는 수험생들을 지도하느라 열정의 목청을 울리고, 안에서는 아이 셋을 돌보느라 몸을 돌볼 새 없으면서도, 언제나 묵묵히 나의 든든한 후원자 역할을 도맡아 해준 당신에게 진심으로 감사의 말을 전하고자 한다.

인왕산 정상에서 서울 야경을 바라보며…

목차

2장 인생 혁명, 인문고전으로 시작해라

3장 인문고전, 독서전략이 필요하다

4장 인문고전으로 자기계발하는 8가지 방법

5장 인문고전으로 기적을 만나라

1장

인문고전을 읽어야 하는 이유

한 인간의 존재를 결정짓는 것은
그가 읽은 책과 그가 쓴 글이다.

- 도스토옙스키 -

인문고전 독서로
나를 바로 세워라

우리는 '언택트(Untact) 시대'에 살고 있다. 언택트(Untact)는 '간단하게 접촉한다'는 뜻으로 영어의 'Contact'라는 단어와 부정의 접두사 'Un'이 만나 탄생한 '신조어'다. 말 그대로 접촉이 없는, 비대면을 말한다.

오늘날 우리 사회에는 사람과의 만남과 관계가 부족해지고 있다. 그리고 그에 따라 사람들 간의 감성, 마음, 그리고 공감 등도 함께 멀어지고 있는 게 현실이다. 이러한 현실 속에서 강조되고 또 강화되어야 하는 것이 바로 나를 바로 세우는 마음가짐이라고 생각한다. 변화하는 현대 사회에 적응하고 또 다가오는 불확실한 미래에 살아남기 위해서는 끊임없이 배우고 자기계발에 힘써야 한다.

『논어(論語)』의 1장 「학이편(學而篇)」에 나오는 첫 번째 구절이다. '배우고 때때로 익히면 역시 기쁘지 아니한가'라는 뜻이다. 언제 읽어도 마음에 와닿는 구절이다. 특히 '시습(時習)', 즉 '때때로'라는 말이 언제나 내게는 자극이 된다. 사전적 의미를 살펴보면 '때때로'는 '경우에 따라서 가끔'이란 뜻이다. 다시 말해 '기회가 될 때마다' 배우고, 익히고, 기뻐하라는 말로 해석할 수 있다.

내가 첫 구절을 이 문구로 선택한 것은 너무도 당연하고 평범한 말이기 때문이다. 신라 향가 및 한국 고가를 연구한 양주동 선생도 '학이시습지 불역열호'를 운운하면서 "대성현의 글의 모두로 너무나 평범한 데 놀랐다." 그리고 "다시금 평범한 그 말이 진리"인 것을 "몸이 저리게 깨달았다."라고 말했다. 나도 양주동 선생처럼 '가장 평범한 것이 진리요, 답이다.'라는 말에 전적으로 공감하기에 선택한 문구다.

첫 번째, '배운다'는 것부터 살펴보자. '학(學)'의 배움은 무릇 공부하는 학생이나 학자에게만 해당하는 이야기가 아니라는 것쯤은 모두가 알 것이다. 그럼 질문을 바꿔서 '무엇을 배워야 하나?'라고 했을 때 답변하기가 쉽지만은 않다. 가령 '학생과 학자에게는 학문을, 엔지니어에게는 기술을, 의학자에게는 의술을 말한다.' 하겠다.

하지만 이처럼 배운다는 것은 단답의 단순한 배움을 말하는 것이 아니다. 오히려 모든 인간이 자신에게 주어진 학문과 기술을 배우는 것은 기본으로 하되, 내 안의 '참된 인간,' 즉 '사람됨'을 배워야 한다는 말이다.

『논어(論語)』의 「옹야편」에 보면 '문질빈빈(文質彬彬)'이라는 말이 나온다. 바로 내면과 외면의 조화를 강조한 말로서 '군자는 내면과 외면의 조화를 이루어야 한다.'라는 뜻이다. 과거 조선의 사대부는 공자의 『논어(論語)』에 주석을 단 남송 주희(朱熹)의 『논어집주(論語集註)』를 교과서로 삼았다. 또한 과거에 급제하기 위해서는 꼭 읽고 외워야 할 필독서이기도 했다.

여기서 잠깐 짚고 넘어갈 부분이 있다. 앞서 말했듯 주희의 『논어집주(論語集註)』는 공자의 『논어(論語)』에 주석을 단 책이다. 하지만 '학(學)'에 대한 사상은 좀 다르다. 학(學)은 '본받는 것', 즉 사람의 본성은 착하기에 깨닫는 데도 선후가 있다고 말한다. 따라서 후에 깨달은 자가 앞서 깨달은 자를 본받아야 한다는 것이다. 이 말은 성리학적 사상의 '선지후행(先知後行)'을 말하고 있는 것이다.

반면 『논어(論語)』에서 공자의 '학(學)'은 '배우고 알았으니, 익히고 행동한다.'라는 뜻이다. 중요한 건 언제나 행동이고 실천이 말보다 앞서야 한다고 주장하는 것이다. 공자가 제자 자공에게 한 말 중에 '선행기언(先行

其言)'이라는 말이 있다. '먼저 자신의 말을 실행하라'라는 이 뜻만 보더라도 그 차이는 분명하다. 조금 더 들어가면, 명나라 왕수인(王守仁)의 양명학(陽明學)에서도 '지행합일(知行合一)'이라 하여 '앎과 실천이 동시에 이루어져야 한다.'라고 말하고 있다.

두 번째, '익힌다'라는 '습(習)'을 말한다. 쉽게 말하면 반복 학습과 같은 것이다. 하지만 이 역시 앵무새처럼 반복만 하라는 이야기는 아니다. 대신 참된 배움이 이루어지면 이제는 배운 것을 실생활에 적용하며 익히라는 의미다. 어떻게 보면 '스스로 힘쓰고 쉬지 않으며 끊임없이 노력하는 것,' 즉 '자강불식(自强不息)' 하라는 뜻일지도 모르겠다.

주희의 『논어집주論語集註』보다 더 방대한 주석서인, 다산 정약용(丁若鏞)의 『논어고금주(論語古今註)』를 보면 '습(習)'을 '수업 받은 것을 익히는 것이다.'라고 평범하게 설명하고 있다. 사실 말이 쉽지, 실제로 배운 내용을 행동으로 실행하는 데에는 꾸준한 노력이 필요하다. 그렇다고 겁낼 필요까지는 없다고 생각한다. 우리가 아직 해보지 않았을 뿐, 지금부터라도 '익힌다'라는 정의를 '끊임없이 노력하고, 반복하고 실행한다.'로 바꾼다면 충분히 가능한 얘기다.

세 번째, '기쁨'에 대해 알아보자. 내면과 외면이 조화를 이루어 '참된 인간 됨'을 배우고, 끊임없는 반복적 실행과 노력으로 익히니, '역열(亦

說)', 즉 '역시 기쁘다'라고 표현하고 있다. 여기서 공자는 '역열(亦說)'이라는 반문법을 써 가며 배움의 기쁨과 즐거움을 강하게 이야기하고 있다.

정리하면 결국 공자는 이 구절을 통해 '배우는 사람으로서 갖춰야 할 가장 기본적이고 근본적인 것'을 말하고 있는 것이다. 그런데 정말 '학이시습지 불역열호'라고 생각하시는 분들이 얼마나 있을까? 사실, 과거의 주입식 교육에서 비롯된 무조건 외워야 하는 학습이 즐겁게 느껴지기엔 무리가 있을 수 있다. 또 시대의 변화에 따라 우리의 교육시스템도 과거에 비해서 많이 완화되고 성장했다. 하지만 여전히 아쉬운 부분이 남아 있는 것도 사실이다.

21세기 교육 패러다임 중의 하나로 불리는 PBL(Project Based Learning), 즉 프로젝트 기반 학습교육은 어쩌면 공자의 이 구절에 영향을 받았는지도 모른다. PBL 교육을 받는 아이들은 모두 입을 모아 공부가 '재미있다, 신난다'라고 말한다. 그럼 왜 PBL 교육을 받는 아이들은 다를까? 그것은 바로 교육하는 주체가 바뀌었기 때문이다. 교사가 주도적으로 가르쳤던 교육에서 학습자 중심으로 바뀌었기 때문이다. 다시 말해 학생이 주도적으로 문제를 이해하고 동급생들과의 협동을 통해 해결하는 방식의 교육으로 바뀐 것이다.

그렇다 보니 시간이 지날수록 학습자들의 경험이 쌓이고, 그 쌓인 경험들을 또다시 동급생들과 나누면서 배움을 만들어가게 되는 것이다. 결국 PBL 교육은 단순한 주입식 교육의 지식보다 능동적인 학습을 통해 다양한 지식을 갖춘 21세기 인재형 교육이 될 수 있는 것이다.

사실 이러한 교육 시스템은 무릇 아이들 교육에만 적용되는 것이 아니라고 본다. 지금 직장 내의 환경과 업무 시스템을 둘러보면 언뜻 비슷함을 느낄 수 있을 것이다. 과거에는 상사가 지시하면 토를 달지 않고 그것이 효율적이든 비효율적이든 지시받은 업무만 하면 되었다. 한마디로 상하관계가 철저한 지시형 업무 형태였다.

하지만 오늘날의 업무 형태를 보면 확실히 달라졌다. 상하관계의 업무 시스템에서 벗어나 수평관계의 조직적 시스템 형식으로 변화한 것이다. 즉, 각 단계별 조직 단위로 업무가 이루어지는 것이다. 따라서 각각의 사원은 주도적인 사고를 중심으로 서로 간의 협력을 통해 수평, 수직적으로 상호작용하며 업무를 처리할 수 있는 형태이다. 결국 우리가 느끼지 못하는 것일 뿐이다. 무릇 옛적의 훌륭한 말과 사상은 2,500년이 지난 지금에도 우리 일상에 녹아 있는 것이다.

"子曰, 溫故而知新 可以爲師矣"
(자왈, 온고이지신 가이위사의)

"공자가 말하길, 옛것을 연구해 새로운 것을 아는 이라면 다른 사람

(남)의 스승이 될 만하다." 우리 인간도 처음부터 지금 아는 것을 알지 못했다. 시간이 지나면서 많은 시행착오를 거쳐 쌓인 경험을 바탕으로 지금의 자리에 서 있는 것이다. 생각해보면 나도 『논어(論語)』를 40대 이전에 읽었을 때보다 확실히 40대 이후에 읽었을 때가 훨씬 재미있고 즐거웠던 것 같다. 사십이면 불혹(四十而不惑)이라. '어떤 일에도 미혹되거나 의혹을 품지 않는다.'라고 하지 않던가. 그래서 나는 잘 다니던 회사를 그만두고 커다란 꿈과 희망으로 창업을 시작했다. 하지만 결과는 생각만큼 좋지 않았다. 결론은 불혹의 나이에도 흔들렸다는 것이다. 그럼 뭐가 문제였을까? 한마디로 시행착오와 경험의 부족이 아닐까 싶다.

불혹의 나이에 실패의 좌절을 느끼기 전과 후는 역시 하늘과 땅 차이다. 『논어(論語)』만 놓고 보더라도 전에는 '남들이 읽으니까, 40대라면 읽어줘야지.'라는 막연한 생각으로 눈으로만 읽었던 것 같다. 하지만 후에는 전과 다르게 '학(學)'과 '습(習)'이 함께 이루어졌다. 그 이유는 무엇보다도 주도적인 입장에서 읽다 보니 제대로 학과 습의 기쁨을 느낀 것 같다.

나는 현재 '하늘의 명을 알았다.'라는 지천명(知天命)의 대열에 합류한 상태다. 지금 이 글을 쓰면서도 이 구절에 대해 또다시 사색하고 정리 중이다. 지천명이라…. 이제는 정말 겉과 속을 채워 비로소 나를 세워야 할 때라고 생각하며 오늘도 정진하고 있다.

02

공자가 말하는
위기 극복 노하우 익히기

내 삶의 참된 나침판을 찾아본 적이 있는가? 치열한 경쟁 속에서 살아남기 위해 현대인들은 지식, 정보, 경험, 그리고 기술 등 다양한 방법으로 자기계발에 힘쓰고 있다. 하지만 무분별한 스펙 쌓기만으로는 현대 사회에서 더이상 인정해주지도 받아주지도 않는다. 불과 몇 년 전만 해도 '친구 따라 스펙 쌓는다.'라는 말처럼 테트리스식 스펙 쌓기에 열을 올렸던 시대는 이제 지났다.

오늘날과 같은 4차 산업혁명 및 AI 시대는 빠른 변화에 잘 적응해야 살아남을 수 있다. 이를 위해 지금의 내가 서 있는 자리에 대한 현실 직시가 무엇보다도 중요하다. 애플의 성공 신화 스티브 잡스는 "소크라테스와 점심을 할 수 있다면 애플이 가진 모든 기술을 주겠다."라고 말했다. 스티브 잡스가 공식 석상에서 말한 이 말은 어쩌면 다가올 미래에 인문(학)과 기술의 융합에 대한 중요성을 미리 암시해줬다고 생각한다.

언제나 기술과 인문(학)의 교차에 서 있는 애플의 정신처럼 21세기에도 여전히 많은 이들에게 읽히고 있는 것이 공자의 『논어(論語)』다. 2,500년 전에 집필된 이 책은 여전히 최고경영자들의 필독서로 자리 잡고 있다. 급변하는 현대 사회의 위기 극복에 대한 노하우를 『논어(論語)』 속 공자의 사상에서 찾아보자.

직장생활을 하다 보면 연차가 생기고 그 연차에 따라 경력이 무르익고 쌓이게 되는 것이다. 그럼 그때 여기저기서 스카우트 제의가 들어오는 걸 경험할 수 있다. 내 동기도 직장생활 10년 차가 넘어가면서 스카우트 제의를 받았다. 사실, 스카우트 제의를 받는다는 것은 직장생활을 하는 모든 이들에게 기쁜 소식이자 고민의 소식이기도 하다. 옛 직장 선배가 내게 해준 말이 아직도 귓가에 맴돈다. 직장인에게 스카우트 제의란 "천사의 속삭임이자 악마의 속삭임이지.", "그러니 선택을 잘해야 해."

다시 말해, 선택의 결과에 따라 누군가에겐 천사의 속삭임이, 또 누군가에겐 악마의 속삭임이 된다는 것이다. 그래서 나 역시 동기에게 똑같은 말을 해주었다. 그럼 동기의 선택은 어느 쪽이었을까? 결론만 말하면, 둘 다 아니다. 그 당시 내 동기는 진취적이면서도 끊임없이 무언가를 추구하는 학구파였다. 결국 자신을 선택해준 회사를 선택하지 않고, 본인이 원하는 회사를 선택했다. 당시 동기의 말이다. "와, 처음으로 면접관과 깊은 공감이 형성됐고 향후 조직개편 및 재구성 또한 생각이 같더라고. 정말 잘 선택했다고 생각해." 본인 좋다는데 더 이상 할 말이 없었고 나는 "그래 축하해. 종종 연락하자."라는 말만 전할 뿐이었다. 그리고 1년이 조금 넘어서였다.

오랜만에 전화를 한 동기는 무거운 말투로 다음과 같이 이야기했다. "새로운 조직도와 개편 그리고 신생팀 개발까지 마무리되고 나니 분위기가 이상해졌어." 그러면서 그때 꺼낸 말이 '토사구팽(兎死狗烹)'이었다. 순간 '이 친구 문제가 생겼구나.'라는 생각이 번뜩 들었다. 이 말은 『사기(史記)』의 「월왕구천세가(越王句踐世家)」에 나오는 구절로 '사냥하러 가서 토끼를 잡으면, 사냥하던 개는 쓸모가 없게 되어 삶아 먹는다.' 즉 필요할 때 잘 써먹고 쓸모가 없어지면 바로 버린다는 뜻이다. 그 친구는 자기가 사냥개가 될 줄은 꿈에도 몰랐다고 하면서 한숨을 쉬었다.

사실 그때만 생각하면 나도 등골이 오싹해진다. 왜냐하면 나 역시 그때 스카우트 제의를 받았는데 난 선택하지 않은 것뿐이었다. 당시 나는 동기의 그 사건으로 내 인생에서 가장 큰 경험과 공부를 하게 됐다. 나는 아직도 그 친구가 그때 대처했던 처세를 잊지 못한다. 평소에 인문고전을 항상 곁에 두고 읽던 동기는 오직 분노 조절에만 집중하고 있고 매일같이 생각하고 또 생각한다고 했다. 그러면서 머릿속에서 『주역(周易)』의 '진퇴유절(進退有節)'이 맴돈다고 말했다.

이 말은 '자신이 가지고 있는 능력과 도덕성에 비해 너무 높은 자리에 오르려고 하거나 분수에 맞지 않은 일을 도모하려고 하면 반드시 화를 입는다.' 즉 '나아가고 물러남에 있어 절도가 있어야 한다.'라는 말이다. 그런데 내가 보기에 그 친구는 자리를 욕심내거나 감당하지 못하는 건 안 하는 성격이었다. 그 친구는 지금 오직 물러날 때의 시기와 절도(여기서 절도는 예의를 말한다)에만 초점을 두고 있는 것 같았다.

그리고 보니 한나라의 개국 공신 '한초삼걸(漢初三傑)'이 생각난다. 한초삼걸은 '한신, 소하, 장량' 이렇게 세 사람을 가리키는 말이다. 유방(劉邦)은 계책을 꾸미는 데 장량만 못하고, 정치는 소하만 못하고, 또 용병술은 한신만 못하다고 했다. 하지만 유방이 잘하는 것은 이 삼걸을 통제하는 능력이라고 하였고 그렇기에 천하를 얻을 수 있다고 말했다.

하지만 '토사구팽(兎死狗烹)'으로 한신은 모반죄로 처형을 당하고, 소하는 말년 유방의 의심을 사게 되어 결국 투옥되고 생을 마감한다. 반면 장량은 권력, 명예, 그리고 부를 탐하지 않고 스스로 자리에서 물러나 평안 무사한 노후를 보내며 생을 마감할 수 있었다.

사람들이 장량을 가리켜 지혜로운 참모의 대명사 '장자방(張子房)'으로 부르는 것도 이 때문이다. 결국 물러날 때를 안 사람은 삼걸 중 장량 한 사람이었다. 한나라 개국 공신 중 두 영웅도 못 한 결정을 내 동기가 시도하려고 하니 내 눈에는 정말 멋지게 보였다.

직장생활을 하다 보면 누구나 한 번씩 위기를 맞이하게 된다. 문제는 얼마나 현명하고 지혜롭게 대처하는가에 따라 앞으로의 직장생활이 달라진다고 생각한다. 내 동기는 '토사구팽(兎死狗烹)' 되기 전, 정확히 물러날 때를 기다리며 새로운 둥지로 이직할 준비를 이미 완료한 상태였다. 그리고 때가 되었을 때 그는 뒤도 돌아보지 않고 멋지게 털고 나왔다. 당시 그 사건은 내게 충격적이면서도 깨달음이 많은 사건이었다. 그 친구는 오히려 그 일이 전화위복이 되어 더 좋은 조건에 더 좋은 직장으로 입사할 수 있게 되었다.

그 후 나도 시간만 나면 들여다보는 책이 바로 공자의 『논어(論語)』다. 친구 따라 강남 간다고 보면 볼수록 쉬울 것 같았지만 내 뜻과는 다르게 보면 볼수록 어려웠다. 그렇다고 겁먹거나 걱정한 적은 없다. 내가 잘하는 것들 중 두 가지가 꾸준함과 끈기다. 운동하는 걸 좋아해서 이 두 가지는 몸으로 체득되어 있다. 그 끈기로 매일같이 반복해서 읽다 보니 어느 순간부터 한 구절 한 구절이 머릿속에서 나오기 시작했다. 그때 처음으로 내 마음에 와닿은 한 구절은 지금까지도 내 삶의 인생 노하우로 써먹고 있다. 『논어(論語)』에 네 번 나오는 이 구절은 내 인생의 지침이 되어 답답할 때면 이 구절을 되새기며 항상 나를 돌아보곤 한다.

내 삶의 인생 노하우

첫째, "人不知而不慍 不亦君子乎"
　　　(인부지이불온 불역군자호)

둘째, "不患人知不己知 患不知人也"
　　　(불환인지불기지 환부지인야)

셋째, "不患人知不己知 患其無能也"
　　　(불환인지불기지 환기무능야)

넷째, "不患莫己知 求爲可知也"
　　　(불환막기지 구위가지야)

위 네 가지 구절의 공통점은 '남이 나를 알아주지 않는다.'이다. 전체 각 뜻을 살펴보면,

첫째, 「학이편」 1장 "남이 알아주지 않아도 원망하지 않으면, 이 또한 군자가 아니런가?"

둘째, 「학이편」 16장 "남이 자기를 알아주지 않음을 걱정하지 말고, 자기가 남을 알지 못함을 걱정하여라."

셋째, 「헌문편」 31장 "남이 나를 알아주지 않는다고 걱정하지 말고, 내가 능력이 없음을 걱정하라."

넷째, 「이인편」 14장 "남이 자신을 알아주지 않음을 걱정하지 말고, 남이 알 만한 사람이 되기를 노력해야 한다."

공자(孔子)는 『논어(論語)』에서 이 문구를 네 번이나 반복한다. 이 문구는 자신에 대한 평가를 냉정하게 그리고 객관적으로 볼 수 있는 지혜를 준다. 우리는 자신의 능력이나 자격에 대해서는 늘 관대하다. 반면에 언제나 다른 사람들에 대한 평가는 야박한 편이다. 나도 남에게 관대하지 않은데 남이 나에게 관대할 이유가 없지 않은가. 그러니 남이 '나를 알아주지 않는다.'만 생각하는 것이다.

우리는 세상 속에서 언제 올지 모르는 위기 상황에 노출되어 있다. 지

금 당신의 자리가 어디이고 또 어떤 곳에 있는지 정신을 바짝 차리고 있어야 한다. 그래야 어려운 상황에도 위기를 슬기롭게 대처하고 헤쳐나갈 수 있는 것이다. 위의 네 가지 삶의 노하우를 통해 오늘부터 당신의 능력과 자질에 대한 평가보다 함께하는 상사나 동료 그리고 부하직원에 대한 '알아주기'가 먼저 되기를 바란다.

03

노자에게 배우는
진정한 대처 능력 키우기

노자(老子)의 역경 극복을 한마디로 말하면 허즉통(虛則通), 즉, '비우면 운이 통한다.'이다. 반면, 공자(孔子)는 '군자고궁(君子固窮)'이라고 해서 군자는 어렵고 궁핍할수록 더 단단해지고 강해진다고 말했다. 즉 『주역(周易)』의 궁즉통(窮則通)으로 위기의 순간에 더 강해지고, 더 단단해지기에 궁하면 통한다고 말하는 것이다.

추사 김정희의 그림 〈세한도(歲寒圖)〉는 추사가 제주 유배 시절에 그린 수묵화다. 전문 화가의 그림이 아니라 조선 시대 선비가 그린 그림으로 문인화의 명작이자 대표작이다. 현재 이 그림은 대한민국 국보 180호로 지정된 그림이다. 〈세한도(歲寒圖)〉는 추사 김정희가 제자인 이상적에게 그려준 그림이며 그림 옆의 긴 발문엔 공자의 말을 덧붙였다. 잠시 내용을 살펴보면 다음과 같다.

"子曰 歲寒然後知松栢之後彫也"
(자왈, 세한연후지송백지후조야)

"공자께서는 '한겨울 추운 날씨가 된 후에야 소나무와 측백나무가 시들지 않음을 안다.'라고 말씀하셨네. 본디 송백은 사철 푸르러 세한 이전에도, 이후에도 송백인데 특별히 이후를 칭찬하셨네. 자네는 귀양 이전에 내게 더 해준 것도 귀양 이후 덜 해준 것도 없네."라며 추사의 마음을 적은 것이다. 그리고 "오래도록 서로 잊지 말자."라는 '장무상망(長毋相忘)'이란 인장도 함께 한다. 정말 아름다운 사제 간의 애정이다. 힘들고 외로운 유배 생활에서도 이러한 글과 그림이 나오는 걸 보면 역시 궁하면 통(通)하는 게 맞는 듯 진정한 군자는 바로 이런 모습인 것 같다.

이처럼 공자(孔子)는 벼랑 끝에 몰렸을 때가 위기의 순간이라고 했지만, 노자(老子)는 위기의 순간이 오기 전에 모든 걸 내려놓으라고 말한다. 다시 말해 '인생의 절정이 위기'라고 말하는 것이다. 그런데 착각하면 안 되는 것이 있다. 모든 것을 비우고 내려놓으라고 했다고 해서 현재 내 위치가, 내 자리가 비울 것도 없고 내려놓을 것도 없는데 비우고 내려놓으면 말이 안 된다는 것이다. 즉, 겸손은 높은 사람이 낮출 때 겸손이 되는 것처럼 내려놓고 비울 게 있는 사람에게 해당하는 말이다. 또 노자(老子)는 내려놓고 비우기 전에 성장하고, 성공해야 한다고 말한다. 그러면서 잘나갈 때, 최고의 정점에 이르렀을 때 '성공에 취해 변하지 않는 것이 가장 큰 위기이다.'라고 경고한다.

대학 선배가 직장생활 초년생 때 들려줬던 이야기다. 첫 직장이었다고 말한 그곳은 여러 계열의 작은 회사를 가지고 있는 A 회사다. 비교적 젊은 나이에 좋은 상사와의 만남이 인연이 되어 좋은 조건으로 입사를 하게 되었다고 한다. 그렇게 순조로운 직장생활을 하던 중 여러 계열로 흩어졌던 작은 파트별 회사가 사옥을 새로 지으면서 모두가 합쳐지게 되었다고 한다. 결국 무리한 사업 확장과 투자는 경영의 어려움을 초래하는 것은 당연한 순리인 듯, 결과적으로 구조조정에 의한 인원 감축으로 이어지게 되었다.

결론만 이야기하자면 여러 계열사 중 가장 비중이 큰 회사의 판매 총책임자가 부하직원들의 인원 감축을 감행하지 못하고 당신이 세 사람 몫으로 그만두는 것을 선택했다는 이야기였다. 당시 내게 언제나 귀감이 되던 선배는 당신 인생에 또 하나의 성인을 알게 되었다고 말했다. 그리고 선배는 그분에게 퇴사 전 휴게실에서 만나 그 이유를 물었다고 했다.

선배가 "왜 그러셨어요."라고 물었더니, 잠시 회심의 미소를 지으시곤 "젊은 후배들을 위해 내가 자리를 비워줘야지, 난 그래도 이 회사에서 최고의 자리까지 왔잖아."라면서 환하게 미소 지으셨다는 거다.

당시 그 말에 충격과 존경심이 교차하면서 마음속으로 자문했다. 만일 지금과 똑같은 상황이 온다면 나도 그분처럼 할 수 있을까? '공성신퇴(功成身退)'란 말이 있다. '공을 이루고 나면 이내 물러나야 한다.'라는 뜻이다. 즉 공을 세워서 사업을 성취한 뒤에 그 자리에 머물러 있지 아니하고 물러날 줄 알아야 한다는 것이다. 어쩌면 그분은 분명 노자(老子)의 이 말을 깨달은 분이 아닌가 하고 생각해봤다. 그래서 노자(老子)는 계속해서 '성공할 때 비워라.'라고 말하는 것 같다.

요즘 세상에 나아감과 물러섬을 알고, 있고 없음을 아는 이들이 얼마나 될까? 사람들 대부분이 오를 대로 올라도 내려올 생각은 하지 않는 것 같다. 오히려 그 위에서 독선(獨善)과 오기(傲氣)로 버티는 사람들이 더 많은 세상이다. 결국 따르는 자도 돕는 자도 없이 자의 아닌 타의에 의해 내려오게 되는 결말을 맞이하면서도 사람들은 그렇다. '항룡유회(亢龍有悔)'라고 했던가. '가장 높이 올라간 용이 결국 내려갈 길밖에 없음을 알고 후회의 눈물을 흘린다.'란 말이 있는데도 정작 모르는 것 같다.

노자(老子)의 『도덕경(道德經)』에서 위기 극복과 나를 세우기 위한 또 하나의 중요한 교훈을 꼽으라면 필자는 주저 없이 '물(水)의 도(道)'를 선택하겠다. 독자는 '최고의 선'이 무엇이라고 생각하는가? 노자(老子)는 최고, 최상의 선은 물(水)과 같다고 말하며 이 세상의 으뜸가는 선의 표본을 '물(水)'로 보았다. 바로 '상선약수(上善若水)'를 말하는 것이다. 이 말은 『도덕경』 8장에 나오는 말로 사람이 배워야 할 덕목을 '물(水)'을 통해 설명해주고 있다. 지극히 착한 것은 물(水)과 같다는 말처럼 '물'의 '겸손, 지혜, 포용력, 융통성, 인내와 끈기, 용기, 그리고 대의'를 말해주는 듯하다. 물처럼 살다가 물처럼 가는 것이 인생이라는 말도 있지 않은가.

"上善若水. 水善利萬物而不爭, 處衆人之所惡. 故幾於道"
(상선약수. 수선리만물이부쟁, 처중인지소오. 고기어도)

최상의 선인 물(水)은 첫째, 만물(萬物)에게 이로움을 주면서도 다투는 일이 없다. 즉 '남들에게 이로움을 줄 뿐 알아주기를 바라거나 공을 바라거나 다투고 경쟁하지 않는다.'라는 것이다. 둘째, 사람들이 싫어하는 낮은 곳에 있다. 그러기 때문에 '상선(上善)'이다. 다시 말해, '겸손함으로 남들이 싫어하는 낮은 곳에 있다.'라는 것이다. 셋째, 따라서 '물(水)은 도에 가깝다.'라고 말한다. 즉 '물은 만물을 이롭게 하고 다투지 않으며 사람들이 싫어하는(낮은) 곳에 머물러주니 그것이 도가 아니고 무엇이겠는가.'라는 말이다.

이 구절은 필자가 가장 힘든 시기를 보낼 때 인연이 된 지인께 듣고, 다시 재조명하기 시작한 말이다. 당시 가족 사업으로 요식업을 시작했을 때의 일이다. 무릇 무슨 일이든지 시작이 반이라고 하지 않던가. 하지만, 부푼 꿈과 함께 시작한 사업은 생각만큼의 결과를 보여주지 못하고 있었다. 처음부터 술술 풀리면 사업의 묘미가 없기도 하지 않던가. 하지만 우리가 선택한 지역은 유독 계절이나 사회 분위기를 많이 타는 곳이라 어렵게 하루하루를 보내고 있었다.

그렇게 힘들어하던 날 지인과의 식사 중, 해주신 말이 '상선약수(上善若水)'다. 평소에 알고 있는 말도 자기가 처해 있는 현실과 부합될 때 마음에 와닿는 느낌이 확실히 달라진다는 말이 이제 이해가 된다. 나는 온종일 이 구절을 떠올리며 곱씹어 생각했다. 팔순을 바라보는 지인께선 왜 이 말을 했을까? 결국 원문을 보면서 노자가 말하는 물이 주는 7가지 교훈으로 이해를 돕기로 했다.

물이 주는 7가지 교훈

1. 물이 머무는 것은 땅처럼 낮고, 거선지(居善地)
2. 마음 씀씀이는 연못처럼 깊고, 심선연(心善淵)
3. 베풀 땐 참으로 어질고, 여선인(與善仁)

4. 말에는 신의가 있고, 언선신(言善信)

5. 처세는 잘 다스리고, 정선치(正善治)

6. 일을 맡으면 능하고, 사선능(事善能)

7. 움직일 때를 잘 알고, 동선시(動善時)

노자(老子)가 말하는 물처럼 살기는 정말 쉽지 않다. 하지만, 마음에 새기고 매일매일 다지면 못 할 것도 없다. 물은 일정한 모양이 없다는 것에 초점을 두고 봐야 한다. 따라서 주어진 환경에 물 흐르듯 잘 적응하는 것이 중요하다. 나 역시 나에게 주어진 상황에 따라 그릇의 형태를 바꾸고 나니 한결 마음이 편안해졌다. 우리에게 어려움이 찾아와도 물이 주어진 모양과 크기에 따라 형태가 바뀔 수 있다는 것을 꼭 기억하면 세상이 조금은 다르게 보일 것이다.

그 지인 분은 현재 영국에 계시지만 때론 대선배이자 아버지처럼, 때론 형제나 친구처럼 늘 곁에서 격려해주시는 말씀이 내게는 언제나 큰 지혜의 선물로 다가왔다. 코로나 19 팬데믹 사태만 아니었어도 함께 자리를 할 수 있었을 텐데 정말 아쉽다. 그래도 늘 셋이서 함께 자리했던 다른 한 분이 계시기에 가끔 점심을 같이하며 지난 추억을 떠올려본다. 노자(老子)가 말하는 '내려놓기'와 '비움'의 철학 그리고 '물을 통한 인생의 교훈'으로 오늘도 흐르는 한 줄기 물처럼 하루를 흘려보내길 바란다.

04

손자를 통한
변화의 전략적 가치 이해하기

세계 동서양의 명장들은 피부, 키, 그리고 몸무게 등이 제 각기 다른 신체적 조건을 가지고 있었다. 하지만 그들은 한 가지 공통점을 가지고 있었다. 그것은 바로 모두가 '지략(智略)'이 뛰어났다는 사실이다. 그럼 '지략(智略)'이란 정확히 무슨 뜻일까? 국어사전적 의미를 보면 '어떤 일이나 문제도 명철하게 포착하고 분석·평가한다. 그리고 해결 대책을 능숙하게 세우는 뛰어난 슬기와 계략'이라고 나와 있다.

결국 '지략(智略)'은 곧 '지혜(知慧)'를 의미한다. 그럼 '지혜(知慧)'란? 예를 들어보자. 급변하는 21세기에 4차 산업혁명 시대로 발달하면서 발견하는 현상이나 원리를 이해하는 것은 '지식(知識)'이라고 한다. 반면 그 사회의 발전과 이해를 원리적으로 분석해 현실 세계에 적용하는 능력을 '지혜(智慧)'라고 보면 된다. 이처럼 '지혜(知慧)'를 기반으로 '통찰력(洞察力)'을 강조한 사람이 바로 춘추시대 제(齊)나라 출신으로 병법가이자 전략가인 '손무(孫武)'다. 당시 일반적으로 유명한 사람을 존칭할 때 성(姓)에다 '자'를 붙여서 부르는 것이 관례였기 때문에 '손무(孫武)'의 저서를 우리는 『손자병법(孫子兵法)』이라 부르는 것이다.

리더의 덕목 중에 꼭 필요한 것이 있다면 그것은 흔들리지 않는 '단호함'과 '정직함'이다. 만일 리더가 단호하지 못하고 우유부단(優柔不斷)하다면 그 조직은 언제나 성과를 내는 데 있어 뒤처질 것이다. 또한 리더가 정직하지 못하다면 그 조직은 조만간 해체되어 공중분해 될 것이 마땅하다. 리더의 정직은 곧 신뢰로 이어지기 때문에 신뢰가 없는 리더를 따를 조직원들은 어디에도 없다. 고(故) 정주영 회장은 다음과 같이 말했다. "사업은 망해도 괜찮아, 신용을 잃으면 그걸로 끝이야. 나에게 가장 큰 자산은 신용이었다. 작든 크든 약속은 꼭 지켜라." 대한민국을 대표하는 거대 기업의 기반도 신뢰와 신용에서 출발함을 보여주는 말이다.

다음은 '손무(孫武)'가 오나라 왕 '합려(闔閭)'의 궁녀들을 대상으로 병법의 효험을 시범한 내용이다. 오나라 합려(闔閭)의 책사 오자서는 손무를 궁으로 모시고 와 합려(閨閭)에게 소개한다. 그리고 합려(閨閭)는 손무(孫武)의 『손자병법(孫子兵法)』을 읽고 실제 적용 유무와 효험을 묻고 시행하라고 한다. 손무(孫武)는 자신의 병법을 적용하면 아녀자들도 싸우는 군대를 만들 수 있다고 대답한다. 그리고 궁녀들을 두 부대로 나누어 집합시킨다. 그 가운데서 왕의 총애를 받는 두 사람을 지휘자로 임명하고 지휘하도록 명령한다.

간추려 말하면, 이 시험은 명령에 따라 전후좌우로 방향전환 등 동작을 취하는 것이었다. 손무(孫武)는 곧바로 첫 번째 명령을 내린다. 하지만, 총희 둘과 궁녀들은 서로 킬킬대며 수군거리고 있고, 오와 열을 맞추기는 고사하고, 서로 기대거나 무기를 내려놓기도 한다. 또 혼자서 팔짱을 끼고 서 있거나 걸핏하면 혼잣말하고 옆 사람과 서로 중얼대고 있었다. 이에 손무는 다음과 같이 말한다.

"명령이 제대로 전달되어도 시행되지 않는 것은 그에 대한 설명이 부족해서이다."

손무(孫武)는 다시 설명 후 명령을 내린다. 하지만, 처음과 다를 바 없이 궁녀들은 손무(孫武)의 명령을 무시하고 폭소를 터뜨리며 중얼대고 비웃는다. 이에 손무(孫武)는 다시 이렇게 말한다.

"명령이 불명확할 때는 장수가 책임을 진다. 하지만 충분히 명확하게 잘 전달되었는데도 명령을 따르지 않는 것은 각 부대의 지휘자의 책임이다."

따라서 군령의 지엄함을 보이려면 각각의 지휘관에게 책임을 물어야 하니 형수를 시켜 두 지휘자의 목을 치라고 명한다. 지켜보던 오왕 합려(闔閭)는 자신이 아끼는 후궁의 죽음을 걱정하고 막으려 한다. 하지만 단호하고 강직한 손무(孫武)의 명령에 두 총희는 목이 잘려 나간다. 그리고 곧바로 손무(孫武)는 새로운 두 지휘자를 임명하고 명령을 내리니 궁녀들은 누구도 말 한마디 없이 일사불란하게 움직인다. 손무(孫武)는 오왕에게 다가가 이렇게 말한다.

"이제 부대는 준비가 됐고, 왕의 명령이 떨어지면 물, 불을 가리지 않고 뛰어들 것입니다."

리더에게는 단호함과 정직함이 필요하듯, 팀원에게는 각자 맡은 바 책임이 중요하다는 것을 보여주는 이야기다. 현대인은 하루하루가 '전쟁' 같다는 표현을 많이 한다. 그 말은 치열한 사회경쟁 속에서 살아남기 위해 안간힘을 쓰고 있다는 이야기다. 위에서 쪼이고 아래서 치고 올라오니 정신을 바짝 차리지 않으면 동료들 간의 경쟁에서 뒤처질 수밖에 없다. 이처럼 사회경쟁에서 탈락하지 않기 위해서는 남들과 차별화된 전략적 단호함과 정직함을 가지고 있어야 한다.

내가 일하는 사업장 주변에는 편의점이 2개, 작은 마트가 1개 그리고 커피 전문점은 3개 정도 있다. 그 중 한군데 편의점에서만 주로 커피를 마신다. 왜? 맛이 뛰어나서? 친절해서? 가격이 저렴해서? 아니다. 이유는 차별화된 마케팅이다. 가격은 다른 편의점과 같지만 내가 선택한 편의점은 커피를 주문하면 크래커(과자) 한 봉지를 무료로 준다. 또한 맛에 있어도 가까운 커피숍과 비교해 질적 차이가 거의 없어 가성비도 좋다. 하지만, 이 편의점의 단점은 유동 인구가 적은 위쪽에 자리하고 있다는 거다.

그래서 이 편의점 사장이 중점을 둔 것이 '차별성'과 '독창성'이다. 주변의 경쟁업체에 대해 분석하고 약점과 강점을 찾아내 시행한 것이 '커피+크래커(과자)'다. 단순하지만 소비자는 움직인다는 것이다. 이와 유사한 마케팅은 과거 중국집에서 찾아볼 수 있다. 예전의 중국집 우선순위는 맛도 아니고, 가격도 아니었다. 언제부터인지 모르지만, 스티커를 주는 가게와 배달이 빠른 가게가 왕좌의 자리를 차지하고 있었다.

직장인들이 모인 지역이나 주택 밀집 지역 상관없이 빠른 배달에 스티커를 모두 모아서 탕수육을 공짜로 먹을 수 있는 가게라면 맛과 가격차는 문제가 되지 않았다. 결국 '손자(孫子)'의 '지피지기 백전불태(知彼知己 百戰不殆)'가 또 나온다. 상대를 알고 나를 알면 백번 싸워도 위태롭지 않다는 것이지만 병법서가 전쟁에서만 쓰이는 게 아니다. 이처럼 '차별성'과 '독창성'의 전략에도 꼭 필요하다. 경쟁 사회에 있어 상대도 모르고 나도 모르면 해봐야 게임이 안 된다.

좀 더 들어가보자 '손자(孫子)'는 '시간과 공간, 그리고 속도'를 세 가지 전략적 요소라고 말하고 있다. 살펴보면 다음과 같다.

시간: 상대방이 예상치 못한 시간에 출격해 싸워라.
공간: 누구도 예상치 못한, 준비 안 된 빈 곳으로 공격하라.
속도: 상대가 예측할 수 없는 속도를 만들어라.

'손자(孫子)'는 전쟁에도 골든타임이 있다고 말한다. '시간, 공간, 속도' 외에도 다양한 조건의 전략이 있다. 하지만 그중 이 세 가지 요소가 전략의 기본이라고 말하고 있다. "상대방이 전혀 예상하지 못한 시간에 출격하여, 누구도 예상치 못하고 준비가 안 된 빈 곳을 찾아, 상대가 예측할수 없을 정도의 빠른 스피드로 공격하면 반드시 승리할 수 있다."라고 말한다. 오늘날처럼 빠르게 급변하는 사회현실에 꼭 필요한 전략적 지혜가 아닐까 싶다. 그럼 하나씩 자세히 살펴보자.

'손자(孫子)'가 병법서 시계 편에서 '출기불의(出其不意)'라고 말했듯이 우선, '시간'은 타이밍의 싸움이라고 생각한다. 치열한 경쟁 속에서 신제품 출시의 타이밍을 잡는다는 것은 쉽지 않은 일이다. 너무 빨라도 또 너무 늦어도 안 된다. 그렇기에 경쟁상대(회사)에 대해 미리 많은 것은 조사하고, 준비하고, 대기해서 '때'를 기다려야 한다. 그리고 '때'가 됐을 때 이 세상에 나와야 한다. 그래야 뜻하지 않고 생각하지도 않은 일이 뜻밖에 일어나서 효과를 얻는 것이다.

다음으로 '공간'을 살펴보면, 시계 편에 '공기무비(攻其無備)'를 알고 넘어가야 한다. 한마디로 말하면, '적의 방비가 없는 곳을 공격하다.'란 뜻이다. 방비가 없는 곳을 공격하기 위해선 절대로 사전에 정보가 새어 나가면 안 된다. 따라서 철저한 보안을 유지하고 시행해야 할 부분이다. 그럼 어떻게 적용할까? 이 세상에 첫선을 보이는 신제품이 아무 곳에서 나오면 되겠는가? 소비자들이나 경쟁사들이 이미 알고 있는 평범한 신제품 공개장소보다는 뜻하지 않는 장소에서 첫선을 보이는 것도 신의 한수다. 마치 게릴라 콘서트처럼 말이다.

마지막은 '속도'다. 필자가 가장 좋아하는 구절로 '풍림화산(風林火山)'

이란 말이 있다. '바람처럼 빠르게, 숲처럼 고요하게, 불길처럼 맹렬하게, 산처럼 묵직하게' 정말 훌륭한 말이다. '손자(孫子)'는 전쟁에선 적에게 한 명의 병사도 잃지 말고, 적을 공격할 때는 질풍처럼 날쌔게, 행동할 때는 숲처럼 고요하게, 군세에 침공할 때는 불처럼 맹렬한 기세로, 군세가 주둔할 때는 산처럼 침착하게 묵묵히 움직이지 말아야 한다고 말한다.

'풍림화산(風林火山)'의 정신을 전략의 기본 원칙으로 삼았다는 일본 전국시대 전략가 다케다 신겐이 있다면, 우리에겐 23전 23승의 치밀하고 완벽주의의 세계적인 전략, 전술가이자 삼도수군통제사 이순신(李舜臣)이 있다는 것에 항상 자부심을 느껴야 한다. 전략이란 치열한 경쟁 속에서 최상의 선택과 고도의 집중력으로 앞서가는 것이다. 그렇기에 현대사회가 전략적 가치를 이해하고 반드시 서로 공존과 협력으로 함께 대응한다면 불확실한 미래의 위기가 찾아와도 충분히 극복할 수 있다고 믿는다.

05

인문고전을
읽어야 하는 이유

"나는 초등학교 시절 지진아였다. 교장 선생님으로부터 고전 교육을
받았다. 후일 케임브리지 대학생이 된 나는 노트의 맨 첫 장에 아리스토
텔레스를 필사했다. 그때 나는 '플라톤과 아리스토텔레스는 나의 친구이
다.'라고 적었다." 우리가 잘 알고 있는 천재 과학자 아이작 뉴턴(Isaac
Newton)의 말이다. 인문고전을 읽는다고 해서 모두가 천재가 되는 것은
아니다. 하지만 지진아가 천재가 되었다면 읽어볼 만한 가치가 있지 않
을까 싶다.

인문고전하면 빼놓을 수 없는 대학이 있다. 바로 역대 89명의 노벨

상 수상자들을 배출한 미국 명문 대학 중의 하나인 '시카고대학교'이다. 1929년 시카고대학은 별 볼 일 없는 평범한 대학교로 명분만 유지되다가 로버트 허친스 박사가 총장으로 부임하면서 모든 것이 바뀌게 된다. 허친스 총장은 부족해지는 교양적 자질의 필요성을 알고 '교양 교육의 전문가 양성'이라는 목표로 프로젝트 하나를 실행한다. 그것이 바로 '시카고 플랜(The Great Book Program)'이다.

허친스 총장이 실행한 '시카고 플랜'은 4년 동안 '철학 고전을 비롯한 세계의 위대한 고전 100권을 달달 외울 정도로 읽지 않은 학생은 졸업을 허용하지 않겠다.'란 혹독한 고전 읽기 교육프로그램이다. 시카고대학을 명실상부(名實相符) 일류 대학으로 만든 것이 바로 이 '시카고 플랜'이다. 허친스 총장이 고전 읽기를 통해 학생들에게 전달하고자 했던 것은 다음과 같다.

첫째, 고전을 통해 위대한 인물을 발견해라.
둘째, 자신의 롤 모델을 정하고 학습하고 닮아가라.
셋째, 교양적 자질을 갖춰 고전의 가치와 필요성을 깨닫게 해라.

'시카고 플랜'을 실행한 후 설립 100년 동안 배출한 노벨상 수상자는 같은 기간 하버드대학이 배출한 45명의 노벨상 수상자보다 월등히 많다.

'책 읽는 아이가 공부하는 아이를 이긴다.'라는 말이 있다. 고전 읽기는 확실히 아이들과 청소년들의 사고력, 논리력 그리고 창의력을 발달시킨다. 물론 성인들에게도 분명히 확장된 사고, 논리, 그리고 분석력 등의 성장을 가져다주는 것은 마찬가지다. 그래서 전문가들도 아이들에서 성인에 이르기까지 인문고전을 많이 접할수록 좋다고 조언하는 것이다.

사실 시대를 막론하고 매해 신년에 읽고 싶은 책들의 장르를 보면 인문(학)이나 고전은 빠지지 않고 목록에 들어 있다. 하지만 아쉽게도 완독 목록에는 인문(학)이나 고전의 권수가 그리 많지 않다. 사람들은 흔히 '인문고전은 모두가 읽고 싶은 책인데 아직 읽지 못한 책'이라고 말한다. 이유가 뭘까? 나는 그 해답이 우리가 가지는 고정관념이라고 생각한다. '고전은 읽기 어렵다.'라는 인식이 그렇다. 오늘날에는 아이들에게 고전문학과 관련된 도서를 많이 읽혀주며 권장하고 있다. 하지만, 중·고등학교에 입학하면서 학과 공부에 밀려 점점 인문과 고전에서 멀어지는 현실이다. 하지만 대학생이 되면 다시금 조금씩 관심을 가지게 되고, 사회생활을 하는 성인이 되면서 인문고전에 대한 관심이 서서히 높아지는 것이다.

나도 고전에 관심을 가지고 읽기 시작한 것은 40대 전인 것 같다. 직장생활을 하면서 오는 스트레스와 문제 해결에 대한 고민 그리고 치열한 경쟁 속의 생존 등을 생각할 때면 머리에 쥐가 날 정도였다. 그래도 독서를 좋아하는 편이라 선뜻 집어 들고 마음을 달랬던 장르가 인문(학)과 고전이었다. 지금 생각해보면 어떻게 그렇게 많은 책을 주야장천(晝夜長川) 읽었는지 신기하다. 바쁜 하루 속에 짬짬이 시간을 내어 보기 시작한 독서 습관으로 나는 보통 일주일에 동·서양고전을 1권씩, 총 2권씩 읽게 되었다. 그러니 생각할수록 대단하다고 나 혼자 칭찬해주곤 한다.

내가 또다시 인문고전에 집중하게 된 것은 가족 사업을 시작하면서였다. 처음 접해보는 분야이고 처갓집 식구들과 함께하는 사업이기에 더욱 더 생각이 많았던 때였다. 사업이라는 것이 처음부터 잘될 수 있겠냐마는 우리도 진통을 겪고 넘어가는 수순(手順)을 피하진 못했다. 언제나 그렇듯 힘들 때마다 기대는 것은 인문고전이었다. 역시 고전 속 또 다른 지혜를 통해 마음을 추스르고 이번에는 아이들에게 시선이 돌아갔다.

어느 날 문득 "나도 되는데 우리 아이들도 되지 않을까?"라는 막연한 생각이 들었다. 그리고 아이들에게 고전을 읽히자고 마음먹고 조금 쉽게 기획된 손무(孫武)의 『손자병법(孫子兵法)』과 공자(孔子)의 『논어(論語)』를 가지고 퇴근해서 아이들에게 주면서 말했다.

"아빠도 읽었는데 어렵지 않네. 모르는 건 물어보고 그냥 편하게 읽어봐."

사실, 아이들이 고전을 접해보는 경험을 주자는 것이 목적이었다. 하지만, 목적은 고사하고 1주일도 안 돼서 내게 돌아온 아이들의 대답은?

"아빠, 무슨 말인지 모르겠어요. 재미없어요."

'뭐지?' 하고 생각을 해보니 보통의 부모들이 저지르는 오류 중의 하나인 '던져주고 읽어봐.'였다. 나는 아이들이 일반 문학 도서를 조금 봤다고 생각했기 때문에 이 정도는 괜찮다고 생각했다. 결국 나의 잘못된 생각과 행동이란 것을 깨닫고 전략을 바꾸기로 했다. 그리고 시작한 새로운 전략은 함께 읽고 토론하기였다. 매일 아침 아이들과 독서 시간을 정하고 각자 전날 저녁에 읽은 내용을 가지고 함께 이야기하는 것이다. 물론 분량은 최소로 정했고 한 구절의 한 소재로 제한했다.

새로운 전략은 그 당시 내게도 도움이 많이 되었다. 아이들과 토론을 하기 위해선 미리 봐둬야 했기 때문이다. 왜냐하면 아이들의 질문을 대비해야 했고, 또 내용을 쉽게 이해시켜주기 위해서 소재에 맞는 이야기를 생각해야 했기 때문이다. '과연 얼마나 갈까?'라는 자문도 해봤지만, 정말 꾸준히 함께 읽었더니 어느덧 두 아이 모두 책 한 권씩 완독하게 되었다. 이탈리아의 물리학자 마르코니의 "떨어지는 물방울이 돌에 구멍을 낸다. 물방울이 바위를 뚫는 것은 그 힘이 아니라 꾸준함이다."라는 말처럼 정말 꾸준함의 승리였다.

그런데 아이들은 각자 한 권씩을 완독했다고 생각하지만, 사실은 두 녀석 모두 두 권씩을 완독한 것이나 마찬가지다. 분명 각자 다른 책을 가지고 함께 토론했기 때문이다. 결국 아이들은 매일 아침 『손자병법(孫子兵法)』과 『논어(論語)』를 동시에 본 효과를 얻은 것이다. 물론 나 역시 두 권 모두 네 번째 완독하는 순간이었다.

지금 첫째 아이가 고등학교 1학년이고 둘째 아이가 중학교 1학년이다. 그러고 보니 벌써 7년 전 이야기다. 어릴 적 경험이 무섭다고 지금 우리 아이들은 일반 도서를 읽는 속도나 이해력이 빠르다. 지금까지도 우리 아이들은 꾸준히 책 읽는 걸 좋아한다. 지금은 각자의 개성에 맞춰 책을 보지만 가끔은 인문고전도 훑어보는 걸 보면 얼마나 다행인지 모르겠다.

나는 인문고전의 효율성과 효과를 우리 아이들과 나를 통해 모두 경험해봤다. 우리 아이들은 다른 아이들에 비해 월등하거나 뛰어난 학생이 아니다. 그저 평범한 아이들이다. 그리고 나 역시 아이 셋을 둔 평범한 아빠다. 하지만 현재 우리 아이들은 동급생들과 비교하면 어휘력과 문장 이해력에 있어서는 뒤지지 않고 오히려 조금 앞선다. 나 역시 책 읽는 것을 즐기다가 서평가가 되었고 지금은 작가가 되어 책을 쓰고 있다.

빌 게이츠가 "하버드 졸업장보다 더 소중한 것이 독서하는 습관이다."라고 말한 것처럼 다른 이들과 나와 우리 아이들의 차별성을 굳이 찾는다면 독서를 조금 더 했다는 것이다. 그리고 그중에서도 인문과 고전을 조금 더 읽고 조금 더 접해봤다는 정도가 아닐까 싶다. 나는 현대 사회의 경쟁력 속에서 살아남기 위해서는 독서가 필수라고 본다. 또한 미래사회의 경쟁력을 위해서도 꼭 필요한 게 독서 습관이라고 생각한다. 그렇기에 미래를 준비하는 인재교육과 인재가 되기 위해서라면 인문고전을 포함하는 독서와 독서 습관을 반드시 갖춰야 한다.

06

사고력과 논리력
인문고전으로 높여라

인문고전으로 사고력과 논리력이 향상되기 위해서는 우선, '언어사고력'을 높여야 한다. '언어사고력'은 언어능력이 뛰어나야 하고 언어능력이 뛰어나면 우리의 '뇌(腦)' 또한 활성화되고 발달된다. 우리의 '뇌(腦)'는 적절한 자극을 통해서도 언어능력을 향상시킬 수 있다. 하지만 언어의 표현과 이해는 '언어처리'와 '의미처리' 이 두 과정의 상호작용을 통해서만 이루어진다. 따라서 이 과정 중 하나만 처리가 되면 오작동이 일어나서 '표현력'이나 '이해력'이 떨어지게 되는 것이다.

예를 들어 머릿속에선 생각이 나는데 말로 표현이 안 된다거나 글을 읽어도 무슨 뜻인지 모를 때를 말한다. 즉 전자는 '어휘력'에 문제가 있는 것이고, 후자는 '이해력'에 문제가 생긴 것이다. 그래서 후자의 경우 '이해력' 부족에 의한 '사고장애'라고 말한다.

우리가 책을 읽으면 '뇌(腦)'는 책 속에서 얻을 수 있는 지식이나 정보를 차곡차곡 저장해둔다. 그리고 다른 책을 읽을 때마다 저장된 지식과 정보를 가져와 비교하고 의문점을 갖는다. 또 우리 '뇌(腦)'는 그 의문점에 대한 해답을 풀기 위해서 개인적인 경험 혹은 다른 상위지식이나 정보를 요구하게 된다. 결국 그 요구에 따라 점점 더 전문적인 지식과 정보를 쌓을 수 있게 되는 것이다. 그런데 인문(학)이나 고전을 읽다 보면 현재 사용하지 않는 어휘들을 많이 접하게 된다.

예를 들어 '황제, 천자, 태자, 황자, 부마, 태황태후, 태후, 황후, 황녀' 등은 관직 중에서 황실에 있는 황제를 중심으로만 본 것이다. 그 외 벼슬의 관직은 이보다 몇 곱절은 많을 것이다. 그러니 인문고전 속의 방대한 어휘를 상상해봐라.

문학, 철학, 소설, 그리고 시 등도 이와 마찬가지다. 이처럼 난해한 어휘들을 읽고 생각하고 이해하다 보면 우리 뇌가 필요로 하는 전문지식이나 정보 등이 갈수록 많아진다. 결국 이렇게 쌓인 상위지식과 정보는 문제 해결을 위한 논리력 향상에 많은 도움이 되는 것이다.

그래서 독서를 많이 한 아이들이 어휘력 발달로 국어를 잘하거나 논리적일 수밖에 없다. 또한 논리적 근거로 자신만의 생각을 재정립하는 사고력도 함께 갖춰지게 되는 것이다.

우리의 뇌는 책을 읽으면 읽을수록 사고력과 논리력을 신장시켜준다. 따라서 잘 갖춰진 사고력은 새로운 지식과 정보를 아무 부담 없이 쉽게 받아들일 수 있는 것이다. 독서를 많이 한 아이가 학교에서 두각을 나타내고 우수한 리더들이 한 손에 쥐고 절대 놓지 않은 책 중의 하나가 바로 인문고전이라는 것을 기억하자.

어느 날 우연히 듣게 된 아내와 아들의 대화다.

아내: 아들 왔어!
아들: 네 엄마, 그런데 재미있는 일이 있었어요.
아내: 무슨 일?
아들: 친구들 사이에 제가 '국어'를 잘한다고 소문이 났었나 봐요? 얘기 도중에 친구들이 "어떻게 하면 국어를 잘할 수 있어?"라고 물어보는 거예요.

보통 졸업을 앞둔 중학교 3학년 학생들의 대화다.

"고등학교 들어가면 공부 장난 아니래,

엄청나게 해야 한다고 하던데,

쉴 시간도 없다고 하고,

3년 죽었다고 생각하래."

중학교 3학년 학생들이 고등학교 교과목과 성적에 대해 고민하는 것은 당연한 얘기다. 요즘 아이들은 중학교 졸업과 동시에 수포자(수학 포기자)니, 영포자(영어 포기자)니 하는 말을 쉽게 한다. 또 '난 이미 국포(국어 포기자)와 과포자(과학 포기자)야.'라는 말을 하는 학생들도 있다. 어떻게 받아들여야 할지 모르겠지만 안타까운 현실이다. 그래도 내 아들이 아직 포자(포기자)에 해당하지 않아 다행이라고 생각할 뿐이다.

아내: 그래서 뭐라고 대답했니?

아들: 간단하게 말해줬죠. '책 봐!' 그랬더니, 친구들이… '무슨 책? 어떻게? 몇 권?' 등등 다시 묻는 거예요.

아내: 그래서?

아들: 그냥 봐! 무조건 봐! 그럼 저절로 좋아져! 난 소설을 주로 많이 봤고(웃으면서) 참! 고전은 꼭 봐! 그냥 죽어라 봐! 그런데 재미있어!

아내: 그랬더니, 친구들이 뭐라고 해?

아들: '국어책도 힘든데… 그냥 국포 할래!' 하고 가던데요.

베이컨의 말처럼 "어떤 책은 맛만 볼 것이고, 어떤 책은 통째로 삼켜버릴 것이며, 또 어떤 책은 씹어서 소화시켜야 할 것이다." 학창 시절에는 맛만 볼 책이 한 권도 없다. 무릇 학문을 닦는데 통째로 삼키거나 씹어서 소화를 시킬 책만 있다는 말이다. 직장인들도 다를 바 없다.

자기계발과 성찰을 게을리한다면 오늘날과 같은 경쟁 사회에서 도태되는 것은 시간문제이다. 벤자민 프랭클린도 다음과 같이 "준비에 실패하는 것은 실패에 준비하는 것이다."라고 말했다. 직장생활을 하다 보면 빠른 순발력과 사고력 그리고 논리적 판단력이 필요할 때가 많다.

보통 새로운 업무에 잘 적응하기 위해선 우선 빠른 순발력이 필요하다. 아무리 새로운 업무라 할지라도 기본 베이스의 일은 같다. 긴장하지 말고 이제까지 맡아서 하던 일의 연장선상이나 확장된 일이라고 생각하면 좀 더 빨리 적응할 수 있다. 그리고 잘 적응하고 있다면 확장된 사고력을 통해 업무 파악을 가능한 빨리해야 한다. 주로 대기업이나 공사·공기업이 인·적성검사를 하는 이유가 바로 이런 상황에 따른 성향이나 직무적합도 등의 능력치를 평가하기 위한 것이다.

순발력과 이해력, 사고력과 논리력, 그리고 판단력이 꼭 일반 회사에서만 적용되는 것은 아니다. 우리가 살아가는 일상생활에서도 적용되는 이야기다. 내가 직접 경험한 일이고 예전 직장 선배에게서 들었던 말 중에 이런 말이 있다. "인문고전을 접하기 전과 후가 완전히 달라. 한두 권 읽는다고 되는 건 아니지만 계속해서 읽다 보면 어느 순간부터 생각 즉 사고력의 차이를 느낄 거야. 그리고 가장 두드러진 것은 문제 해결 능력이 달라졌다고나 할까?" 사실 그때는 무슨 말인지 몰랐다. 하지만 꾸준히 인문고전을 접했고 40대 이후가 되면서 서서히 느끼고 알기 시작했다.

내 경험이지만 말로 어떻게 표현해야 할지 모르겠다. 예를 들면 집에서 어떤 물건에 대해 문제가 생기면 예전에는 그냥 생각하지 않고 '고장이네. 못 고칠 것 같네.' 하고 버렸다. 또는 좀 훑어보고 '망가진 것 같아 A/S 맡기자.'라고 말하는 정도였다. 그런데 언제부터인지 왜 망가졌는지, '이 물건의 원리가 뭐지?' 등부터 살펴보는 것이다. 또 사소한 것은 고치기도 하고 부품이 없는 것은 다른 물건으로 대체해서 만들기도 한다. 이런 행위가 언뜻 특별해 보이지는 않지만 머릿속 회전이 엄청나게 빨라지는 걸 느낄 수 있다. (그 기분 좋은 느낌을 전달했으면 좋겠다.)

그리고 중요한 것은 물건뿐만이 아니다. 보통 아이들이 잘못할 때 나 역시 정도에 따라 크고, 작게 화를 낸다. 그런데 어느 날부터 분명히 첫째 녀석이 잘못을 크게 했음에도 바로 혼내지 않고 생각하고 있었다. 아내는 이미 화가 많이 나 언성이 올라간 상태인데도 말이다. 그리고 머릿속에서 '일단 참고 들어보자. 그리고 생각한 후에 다시 이야기해야지.'와 같은 말이 들리는 것이다. 계문자의 '삼사이후행(三思而後行)'은 아니어도 '재사가의(再斯可矣)'를 하고 있던 것이다.

또 직장 내 업무와 관련된 돌발 상황에서도 역시 사고력이 동반된 빠른 순발력으로 잘 해결했다. 인문고전을 억지로 읽는다고 효과를 보는 것은 아니지만, 일단 한 권이라도 집어 들고 읽어보길 권한다. 마틴 루터가 "모든 위대한 책은 그 자체가 하나의 행동이며, 모든 위대한 행동은 그 자체가 한 권의 책이다."라고 했듯이 말이다.

07

세상은
아는 만큼만 보인다

내가 어릴 적 어머니에게 들었던 세 가지 금기사항이 있다. '힘자랑, 돈자랑, 먹는 자랑'이다. 그중 이 힘이라는 게 잘 쓰면 '영웅'이 되고 잘못 쓰면 오만하고 어리석은 인간인 '무식한 놈'으로 끝난다. 사마천의 『사기』에 보면 '거정절빈(擧鼎絕臏)'이란 말이 나온다. 여기서 앞의 '거정'은 솥을 든다는 뜻이고 뒤의 '절빈'은 정강뼈가 부러진다는 뜻이다. 이 둘이 합쳐지면 솥을 들다가 정강이뼈가 부러진다는 말이 된다. 도대체 뭣 때문에 솥을 든 걸까? 잠시 이야기 속으로 가보자.

중국 진(秦)나라의 27대 왕인 무왕(武王)하면 떠오르는 말이 '식양지서

(息壤之誓)'이다. 이 말의 출전을 보면 다음과 같다. '미천한 출신의 감무라는 재상이 무왕(武王)의 명에 따라 한나라를 공격하러 갈 때의 일이다. 감무는 주위의 간신들이 자기를 시기해 유언비어나 비방으로 무왕(武王)의 신임이 줄어들까 걱정하였다. 그래서 감무가 식양이란 곳에서 절대 의심하지 않겠다는 무왕(武王)의 맹서를 받았다' 해서 생긴 말이다.

재상 감무의 생각대로 간신들은 무왕(武王)의 마음을 흔들었고 결국 군권까지 박탈될 위기에 처한다. 하지만 감무는 지난날의 '식양의 맹서'를 거론하며 무왕(武王)의 마음을 돌려놓는다. 그리고 다시 재임한 감무는 한(漢)나라 정벌에 성공하게 된다. 그래서 세상은 아는 만큼만 보이는 거다. 간신에게는 비방과 유언비어만 보였겠지만, 감무는 그 이후의 상황까지 볼 수 있었기에 위기를 넘길 수 있었던 거다.

다시 무왕(武王)의 이야기로 돌아오면, 이 무왕(武王)에게는 한 가지 흠이 있었다. 그게 바로 앞서 말한 세 가지 중 하나인 '힘자랑'이다. 왕이 힘을 자랑한다면? 용맹한 왕이라고 생각할 수도 있다. 하지만 그 힘자랑을 매번 해대면 어느 순간 옛 어르신들의 말처럼 미련한 '무식한 놈'이 되는 것이다. 결국 맹열이라는 힘센 역사와 솥 들기 내기 하게 된다. 결과는 맹열의 승, 무왕(武王)의 패다. 문제는 한 번 패하고 끝난 것이 아니다. 솥을 들다가 그 무게를 버티지 못해 결국 솥에 깔려 죽게 된 것이다.

왕과의 힘자랑에선 이기게 됐지만, 왕을 죽게 했으니 맹열 또한 무사할 수 있을까? 결국 맹열은 멸족을 당한다. 감당할 수 없는 일을 무리하게 추진하다가 잘못되었을 때 주로 쓰이는 말로 시사하는 바가 크다. 오늘날 힘자랑으로 문제가 되는 사례는 드물다. 하지만 여전히 돈을 앞세워 가진 자들의 권력 힘자랑으로 문제가 되는 경우를 보면 종종 눈살을 찌푸리게 한다. 무릇 그들 중 일부라도 세상의 이치를 알고 가지고 있는 재물과 권력의 힘자랑을 좋은 곳에 쓰길 기원해본다.

또 다른 이야기를 해볼까 한다. 『사기』의 '편작창공열전'과 『한비자(韓非子)』의 '유로편'에 나오는 '통견증결(洞見症結)'과 '휘질기의(諱疾忌醫)'이란 말이 있다. 그럼 내용부터 들어가보자.

춘추시대 진원인(秦越人)이라는 의술이 뛰어난 천하의 명의가 있었다. 사람들은 그의 신의적인 의술을 존경하여 편작(扁鵲)이라는 호칭으로 불렀다. 소싯적 객사의 관리인으로 일하고 있던 편작은 당시 수석 의원인 장상군(張桑君)을 만난다. 그들은 10여 년을 보내는 동안 서로를 지켜보며 평범한 사람이 아니라고 생각한다. 어느 날 편작은 장상군에게 비방의 약과 함께 의술을 전수받는다. 그리고 "사물을 꿰뚫어볼 수 있을 눈을 뜨게 될 것이오."라는 장상군의 말처럼 된다. 즉 '통견증결(洞見症結)'로 편작은 담장 밖에 있는 사람도 보이고, 앞에 있는 사람의 내장까지 들여

다볼 수 있는 천하의 명인이 되어 명성을 얻게 된다. 여기서 '통견'은 훤히 들여다본다는 뜻이고, '증결'은 병을 말한다. 즉 '증세를 꿰뚫어 본다.'라는 말이다.

우리가 편작처럼 사람을 꿰뚫어 볼 수 있는 것은 아니다. 하지만 사회생활을 하다 보면 때로는 보고 듣고 배운 지식을 지혜로 승화해 통찰력을 발휘해야 할 때가 분명히 있다. 그리고 그럴 때마다 우리는 '어떻게 하지? 누가 해결하지?'라고 생각하지 말고 이제는 편작의 눈으로 바라보는 연습을 해야 한다. 피한다고 될 일이 아니라면 문제에 대한 실상을 정확히 파악하고 진단을 내려 처방해야 한다.

만일 그 진단과 처방을 올바르게 했다면 모든 문제는 해결될 것이다. 하지만 문제에 대한 심각성을 파악하지 못하고 간과하게 된다면 오진을 하게 되고 문제만 더 커지게 만드는 꼴이 될 것이다. 세상은 아는 만큼만 보이는 게 아니라 보고 싶은 만큼도 볼 수 있다. 그러니 어떠한 위기 상황이 오더라도 해결 방법이 있다는 마음으로 간절히 보는 연습을 하면 반드시 해답이 보이게 될 것이다.

다음은 편작이 제나라 환공의 빈객으로 있을 때이다.

환공을 배알하기 위해, 조당(朝堂)에 들렀다가 말하길, "군주님께서는 피부와 근육 사이에 병이 있습니다. 치료하지 않으면 점점 심해질 겁니다."

그러나 환공은 편작의 말을 믿지 못하고 말했다. "과인은 병이 없습니다."

편작이 조당 밖으로 물러나가자 환공이 좌우의 신하들에게 말했다. "의원이라는 사람이 그렇게 상금을 탐하여 병이 없는 사람에게 병이 있다 하고 공을 삼으려 한단 말인가?" 하고 비난했다.

그리고 5일 후, 편작은 다시 환공을 살펴보고 말했다. "군주님의 병은 이제 혈맥(血脈)에 있습니다. 서둘러 치료하지 않으면 병이 깊어지게 될까 두렵습니다."

그러나 환공은 이번에도 "과인은 병이 없습니다."라고 말했다.

편작은 밖으로 나갔고 환공은 불쾌감을 감추지 않았다.

또다시 5일 후, 편작은 다시 환공을 보고 말했다. "군주님의 병은 이제 위장(胃腸) 사이에 있습니다. 치료하지 않으면 앞으로 병이 더 심해질까 두렵습니다."

환공은 아무 대꾸도 하지 않았다. 그리고 편작이 나간 후, 그에 대해 매우 불쾌하게 생각했다.

그리고 5일 후, 편작은 다시 환공을 자세히 살펴보았다. 그리곤 아무 말도 하지 않고 행장(行裝)을 꾸려 떠났다.

환공이 이상히 여기고 사람을 보내, 그 까닭을 물어보게 하였다.

편작이 대답하길, "병이 피부에 있을 때는 탕약과 바르는 고약으로 치료할 수 있습니다. 그 병이 깊어져 혈맥에 있게 되면 침(鍼)을 사용하여 치료하면 됩니다. 그리고 병이 장과 위 사이에 있게 되면 약제를 이용하면 됩니다. 그러나 병이 골수에 들어가게 되면 설혹 그 의원이 사람의 생명을 관장하는 신(神)일지라도 어찌할 수가 없습니다. 이제는 저도 군주의 몸을 진찰할 수가 없습니다."

그 뒤 5일 만에 환공은 병이 들었고, 사람을 시켜서 편작을 불렀으나 편작은 이미 도망가고 없었다. 그리고 환후는 마침내 죽고 말았다.

앞의 '휘질(諱疾)'은 '병을 숨기다'이고 뒤의 '기의(忌醫)'는 '고치기를 꺼린다'는 의미다. 즉 '병을 감추고 의원에게 보이기를 꺼린다'는 뜻이 된다. 하지만 이 뜻은 오늘날 자신의 결점을 감추고 남의 충고를 듣지 않는 것을 충고할 때 많이 쓰는 표현이다. 주돈이(周敦頤)는 『통서(通書)』에서 "요즘 사람들은 자기의 잘못이 있어도 다른 사람들이 바로잡아주는 데에 기뻐하지 않는다."라고 말했다.

　그래서 언제나 문제는 작은 일에서부터 시작하기 마련이다. 세상의 이치를 알고 세상을 살아가는 게 미래를 보거나 예지력이 있어서가 아니다. 작은 것에서부터 잘못된 게 있다면 관심을 가지고 주시하는 것에서 오는 것이다. 따라서 더 큰 화가 되기 전에 해결할 수 있도록 하는 주의와 노력이 뒷받침되어야 한다. 이것은 일과 관련된 것만 이야기하는 것이 아니다. 오늘날과 같이 사회적 거리두기니, 비대면이니 하는 사회일수록 사람과 사람 사이의 관계 속에서도 더욱 관심과 주의를 갖고 진심 어린 마음으로 상대를 대해야 한다.

-

2장

인생 혁명,
인문고전으로 시작해라

-

좋은 책을 읽는다는 것은 지난 몇 세기에 걸쳐
가장 훌륭한 사람들과 대화하는 것과 같다.

- 데카르트 -

논어 딱 1번만
정독해보자

『논어(論語)』는 중국 춘추시대의 사상가 공자(孔子) 그리고 그의 제자들의 언행을 기록한 유교 경전이다. 또한 중국 사서(四書)의 하나이자 최초의 어록(語錄)이기도 하다.

하지만 '공자가 직접 쓰지 않았다. 제자들이 기록했다. 제자 중에도 몇몇 제자와 다른 문인들이 기록했다.' 등 편찬자에 대한 설 또한 여러 가지다. 제목도 마찬가지다. '토론한 데서 생겼다, 의논하고 사람들에게 말한 것이다, 글을 자세히 따지고 확인 후 기록하고 대답 설명했다' 등 다양하다. 나는 '논의하고 정리한 이야기책' 정도로 해석하고 싶다.

『논어(論語)』의 편찬자나 제목의 풀이에 대해 이의를 제기할 생각은 없다. 단지 딱 한 번만이라도 정독하고 싶은 도서에 대한 논의점들에 대해 언급하는 차원에서 서술했다. 『논어(論語)』의 현존본은 「학이편(學而篇)」으로 시작해서 「요왈편(堯曰篇)」까지 총 20편이고 13,700자로 구성되어 있다고 한다. 편명은 각각의 편마다 편 중에서 이름을 땄다. 그런데 워낙 단편적인 문장의 산만함과 주제를 찾기 힘든 글도 많아 편명이 애매한 글들도 많다. 하지만 편마다 보여주는 짧고 간결한 구어체 문장은 왠지 모르게 정리된 듯한 느낌을 준다. 그래서 책명의 '논(論)'이 '논의하고 정리한'이란 뜻인 것 같다.

『논어(論語)』의 내용을 살펴보면 '공자의 말, 제자들의 물음과 말, 공자와 제자들 사이의 대화, 제자들 간의 대화' 등 정도로 구분할 수 있다. 하지만 모든 말과 대화는 공자를 중심으로 하고 있으며, 공자의 사상인 인(仁)을 기준으로 하고 있다. 공자는 '극기복례(克己復禮)'라 하여 "자기 자신을 이기고 예(禮)를 따르는 삶이 곧 인(仁)이다."라고 말하고 있다. 공자는 '인(仁)'이란 쉽게 다룰 수 없는 최고의 덕목으로 본 것이다.

내가 처음 『논어』를 정독해보겠다고 결심했을 때가 40대 초중반이었다. 불혹의 나이에 창업의 고배를 마시게 되면서 나도 모르게 집어 들었던 도서가 『논어(論語)』였다. 당시 나는 무언가 새로운 걸 해야 했기에 마음속 여유는 없었고 시간적 여유만 가지고 있었다. 복잡한 머릿속과 뒤엉키고 상처받은 나 자신을 어떻게 달랠까 하는 마음으로 『논어(論語)』를 정독하기 시작했다. 그때 「위정편」에 실린 공자의 삶을 조명한 다음 문장들은 내 인생관에도 영향을 미쳤다.

"子曰, 吾十有五而志于學, 三十而立, 四十而不惑, 五十而知天命,
 六十而耳順, 七十而從心所欲不踰矩."
(자왈, 오십유오이지우학, 삼십이립, 사십이불혹, 오십이지천명,
 육십이이순, 칠십이종심소욕불유구.)

내용을 살펴보면 다음과 같다.

공자께서 말하길,
15세 '지우학'에는 학문에 뜻을 두고
30세 '이립'에는 자립했으며
40세 '불혹'에는 세상 어떤 것에도 흔들리지 않고
50세 '지천명'에는 하늘이 내게 명하는 천명을 알았다.
60세 '이순'에는 귀로 들으면 그대로 이해되었고
70세 '종심'에는 내 마음이 원하는 바대로 해도 법도를 넘지 않았다.

나는 지금 하늘의 뜻을 알았다는 '지천명(知天命)'이다. 하지만 때론 '불혹(不惑)'의 시간이었을 때를 되돌아보며 다시 교훈을 얻기도 한다. 또 '이순(耳順)'의 시간을 미리 생각하면서 다가오는 미래에 대한 대비와 준비도 잊지 않고 있다. 하루 10분 인문고전을 통해 과거의 교훈과 미래의 성장을 위한 정독의 시간을 독자들도 가져보길 권장한다.

정독을 위한 3가지 주의 사항

1. 슬로우리딩의 균형을 맞춰라.
2. 자기 수준에 맞는 도서를 선정하라.
3. 충분한 시간을 확보해라.

정독은 말 그대로 '책을 읽을 때 그 뜻을 새겨가면서 자세히 읽는 것'을 말한다. 또 정독을 위해서는 정말 읽고 싶은 책 혹은 진심으로 마음에 와 닿는 도서를 선별, 선정하는 게 중요하다. 난 가끔 이런 생각을 한다. 만일 내가 그때 사마천(司馬遷)의 『사기(史記)』를 선택했다면 어떻게 했을까? 아마도 내 성격상 '본기, 세가, 서, 표, 열전' 이렇게 총 130편을 다 보겠다고 고집 피우다가 번아웃(burnout) 되지 않았을까 싶다. 참고로 몇 해 뒤에 새롭게 원전 번역본으로 출간된 도서를 순차적으로 모두 읽기는 했지만 한 번 더 읽어야 그 뜻이 조금은 이해될 듯하다.

다음은 정독할 때 주의해야 할 3가지 사항에 대해 살펴보자.

1. 슬로우리딩의 균형을 맞춰라. 책을 읽다 보면 자기도 모르게 속독(速讀)할 때가 있다. 대부분 속독(速讀)은 선정한 도서가 쉽게 느껴질 때 그런 현상이 일어난다. 반대로 너무 슬로우리딩을 해도 늘어지게 되어 지루해질 수 있으니 주의해야 한다.

2. 자기 수준에 맞는 도서를 선정하라. 만일 내 수준에 안 맞는 난해한 도서를 선정하면 처음에는 잘 몰라서 정독이 자연스럽게 된다. 하지만 시간이 갈수록 모르는 게 너무 많아진다. 그때는 정독이 아니라 공부 아닌 공부 시간이 된다. 그럼 결과는 뻔하게 '포기'다.

3. 충분한 시간을 확보해라. 정독은 확실히 속독이나 일반 독서보다는 많은 시간이 필요하다. 따라서 짧은 시간이 아니라 충분한 시간을 확보하고 책을 읽어야 한다. 그래야 충분히 글을 이해하고 새기면서 독서를 할 수 있다.

이처럼 정독할 때 주의해야 할 위 세 가지 사항들은 독자들이 이미 알고 있는 내용일 수도 있다. 그렇다고 쉽게 보고 간과하지 말고 '그래, 맞아! 나도 알아!'라고 하면서 바로 실행해보자. '눌언만행(訥言敏行)'이라는 말처럼 말은 적게(어눌하게) 하고 행동은 민첩하게 하는 습관을 들여보자.

한 번만이라도 정독을 제대로 한다면 기대할 수 있는 성장 또한 많다고 본다. 우선 머릿속에 어휘와 표현 그리고 주요 문장과 같은 정보가 많이 남는다. 주로 인문, 철학, 그리고 고전과 같은 도서들에서 쉽게 경험할 수 있다. 그렇다고 그 외 장르에서 얻을 수 없다는 말이 아니니 오해하지 않길 바란다. 단지 본 도서가 인문고전을 다루고 있기에 무게 중심을 두고 하는 말이다.

정독을 하게 되면 장르와 상관없이 그 글 속의 깊은 의미를 조금씩 파악하는 것을 느끼게 될 것이다. 처음은 '아~ 그렇구나, 맞아! 그러네.' 등처럼 동감과 공감의 말들이 이어진다. 하지만 시간이 지나면 '왜? 정말 그럴까? 혹은 만일 …이라면'처럼 의심과 이견을 보이기 시작한다. 이렇게 작가의 글에 대한 사고가 확장되어 자연스럽게 지식이 쌓이고 그 지식이 다시 지혜로 바뀌게 되는 것이다.

고전을 많이 읽은 사람이 이해력이 빠른 건 생각하고, 분석하고, 그리고 해석해서 읽어야 하는 글들이 많기 때문이다. 그래서 문장력이 자연스럽게 좋아지는 것이다. 나 역시 글을 쓰는 작가다. 하지만 처음부터 글을 잘 써서 작가가 된 것은 아니다. 내가 글을 쓰는 힘의 원천은 지난 도서들을 정독하면서 길러진 힘이라고 생각한다. 다시 말해 나의 글쓰기 힘은 정독의 힘이다. '정독 한 번 한다고 인생이 바뀌는 건 아니지만 그것이 쌓이면 바뀔 수도 있다.' 인문고전『논어(論語)』로 딱 한 번만이라도 정독하고 달라진 삶의 지혜를 느껴보길 바란다. 나는 그 삶의 지혜로 작가의 길을 선택했다.

02

다시 반추해보는
노자의 인문학

어느 날 『노자도덕경(老子道德經)』을 읽다가 내 가슴을 세차게 두드린 구절을 만났다. 누구든 책을 읽다 보면 마음에 꼭 와닿는 말이나 가슴을 설레게 하는 문장들을 만난다. 그럴 때마다 나는 심마니들이 산삼을 발견하고 '심봤다'를 외치고 싶은 마음처럼 가슴이 두근거린다.

그 문장은 바로 노자(老子), 『도덕경(道德經)』 63장 중 다음의 구절이다.

"天下難事 必作於易 天下大事 必作於細"
(천하난사 필작어이 천하대사 필작어세)

그 뜻을 살펴보기 전에 우선 노자(老子)와 그의 중심 사상에 대해 알아보자.

중국 고대의 사상가이자 도가철학의 시조이며 노자(老子) 또는 『노자도덕경(老子道德經)』으로 불린다. 상편은 도경(道經)의 내용으로 37장으로 되어 있고 하편은 덕경(德經)의 내용으로 44장으로 되었다. 총 81장으로 구성되어 있는 도가사상의 경전이다. 사마천(司馬遷)은 "노자가 귀하게 여긴 도(道)라는 것은 허무(虛無)하여 실체가 없고, 자연에 의하여 변화를 따르며 무위(無爲) 중에 천변만화(千變萬化)함을 중심 사상으로 한다."라고 말했다. 노자(老子)의 문장을 보면 대화체나 서술체가 아닌 짧은 철학적 잠언집 형식이다. 그렇다 보니 원전을 읽고 해석하는 자들에 따라 조금씩 풀이가 다르기도 하다.

노자(老子)의 중심 사상을 보면 한마디로 '무위자연(無爲自然)'과 '윤리사상(倫理思想)'으로 말할 수 있다. 무위자연(無爲自然)은 어떤 것에도 간섭이나 지배를 받지 않는다는 무위(無爲)와 어떤 것에도 의존하지 않고 스스로 존재한다는 자연(自然)을 말한다. 즉 인간과 더불어 세상을 자연의 일부로 보고 인간이 자연에 순응해야 한다고 말한다. 윤리사상(倫理思想)에서 인간은 선(善)하게 살아야 한다. 또 인간은 선할 수도 있고 악할 수도 있다고 말하며 인간이 가지고 있는 본성을 중시하였다. 너무 깊이

들어가면 이야기가 길어지니 여기까지만 하고 위 구절의 뜻을 살펴보자.

"천하의 어려운 일은 반드시 쉬운 것에서 시작되고, 천하의 큰일은 반드시 미미한 것에서 일어난다."

세상을 살다 보면 모든 사건과 사고에는 그 이유가 있다. 수많은 사람의 목숨을 앗아가고 재산적 피해를 발생시키는 대형 화재나 산불은 결국 미미한 불씨 하나에서부터 시작된 것이다.

그뿐만이 아니다. 철옹성처럼 무너지지 않을 것만 같은 거대한 댐도 바늘구멍만 한 틈으로 시작해서 허무하게 무너지는 것이다. 이처럼 노자(老子)는 모든 큰일은 작은 곳에서부터 시작하니 언제나 작은 것은 소홀히 하지 말고 절대 간과하지 말라고 충고하고 있다.

"일은 크거나 작거나 간에 신중하게 하여 함부로 해서는 안 된다. 작은 일을 함부로 하게 되면 큰일도 함부로 하게 된다. 큰일을 함부로 하지 않는 것은 작은 일을 함부로 하지 않는 것에서 시작된다."라는 말처럼 정조 이산도 같은 말을 하고 있다. 그럼 63장의 내용을 좀 더 살펴보자. 참고로 풀이 다음은 순수 개인적인 소견으로 풀이를 더했다. 또한 전문 중 앞뒤 문장과 연결이 안 되는 문장은 생략하고 중심 문장으로만 기술했다.

"爲無爲, 事無事, 味無味"
(위무위, 사무사, 미무미)

"행하는 바 없이 행하고, 일하는 바 없이 일하며, 맛보는 바 없이 맛보라."

- 일상의 행위를 하지만 무(無) 상태에서 저절로 행위를 한다는 것.
- 온종일 일을 하지만 무(無) 상태에서 일하는 것.
- 온종일 오감으로 느끼지만 역시 무(無) 상태에서 맛보는 것.

나는 이 구절을 다음과 같이 생각해본다. 다시 말해 우리가 일상생활을 하면서 일하고, 말하고, 행동하는 모든 것들은 무(無) 상태에서 저절로 자연스럽게 이루어진다는 말이다. 결국의 무심(無心)의 실천으로 저절로 일어나는 현상 정도로 보면 될 것 같다.

생략 …… ……

"圖難於其易, 爲大於其細"
(도난어기이, 위대어기세)

"어려운 일을 하려거든 쉬운 것부터 하고, 큰일을 하려거든 미미한 것부터 하라."

말 그대로 일단 쉬운 일부터 순차적으로 끝내야 일이 진행된다. 어려운 일을 앞에 두고 고민하고만 있다면 시간만 낭비하게 될 것이다. 또 작은 일들이 초석이 되어야 결국 큰일을 도모할 수 있는 것이다.

"天下難事 必作於易, 天下大事 必作於細"
(천하난사, 필작어이, 천하대사, 필작어세)

"세상의 어려운 일은 반드시 쉬운 일부터 만들어지고, 세상의 큰일은 미미한 일부터 만들어지는 것이다."

천하의 어려운 일은 모두 쉬운 일에서부터 시작된다는 말이고 천하의 큰일도 아주 작은 일에서 만들어진다는 말이다. 결국 모든 큰일과 어려운 일은 쉽고, 작은 일에서 시작되는 것이기 때문에 언제나 쉽고 작은 일은 소홀히 하지 말라는 말이다.

"是以聖人終不爲大, 故能成其大"
(시이성인종불위대, 고능성기대)

"그래서 성인은 결국 큰일을 도모하지 않고 그렇기에 큰 것을 이룰 수가 있다."

성인은 큰일을 하겠다고 애쓰지 않는다는 것이다. 그렇기 때문에 오히려 큰일이 저절로 성인에게 이루어진다는 말이다. 즉 성인은 이미 쉬운 것과 작은 것들을 해냈으니 자연스럽게 큰일은 저절로 이룰 수밖에 없다는 것으로 풀이된다.

생략 …… ……

이렇게 다시 반추해보는 노자(老子)의 인문(학)을 통해 『도덕경』 63장에 나오는 주요 내용을 살펴보았다. 그리고 작은 소견으로 그 뜻에 대한 해설도 달아보았다. 핵심은 결국 무(無)의 실천과 비움이다. 다시 한번 노자(老子)의 이 구절을 가슴에 새기고 지금부터 세상의 쉽고 작은 일에 관심을 두고 보기 바란다.

"天下難事 必作於易 天下大事 必作於細"

03

손자에게 배우는 전략, 전술 철학

세대를 지나 4차 산업혁명 시대에 돌입했어도 여전히 우리들의 관심을 사로잡는 철학적 고전이 있다면 그건 바로 '손자(孫子)'의 『손자병법(孫子兵法)』일 것이다. 인생을 살면서 힘들고 어려운 위기에 처해 있을 때 우리는 다른 책도 아닌 '손자(孫子)'의 이 병법서를 찾는다.

도대체 이유가 뭘까? 아무리 생각해 봐도 답은 하나만 나온다. '손자(孫子)'의 『손자병법(孫子兵法)』은 병법서가 아니라 철학서다. 그 병법서에 녹아 있는 전략과 전술을 통해 그리고 인간 본성에 대한 고찰을 통해 위기를 극복하고자 하는 바람이 아닐까 싶다.

'손자(孫子)'는 언제나 현실에 냉혹했다. 그리고 전쟁은 엄중히 생각했다. 우리는 흔히 '지피지기 백전백승(知彼知己 百戰百勝)'이라고 해석하지만 바르지 않다. '손자(孫子)'는 '지피지기 백전불태(知彼知己 百戰不殆)'라고 말한다. 전쟁은 '나를 알고 적을 알면 백 번 싸워도 이긴다.'가 아니라 '나를 알고 적을 알면 백 번 싸워도 위태롭지 않다.'가 맞는 것이다. 이 두 말은 완전히 다른 뜻이다.

'손자(孫子)'에게 전쟁이란 싸워서 승리하는 것이 아니라, 위태롭지 않게 하는 게 목적이다. 나라가 위태롭지 않기 위해서 절대적으로 필요한 것이 바로 나를 먼저 알아야 하고, 그다음으로 이기기 위해서는 적을 알아야 한다는 게 '손자(孫子)'의 전쟁 논리다. 또 '손자(孫子)'가 말하는 패배는 그 원인이 언제나 자신에게 있다고 말한다. 나아가 '손자(孫子)'가 말하는 최고의 승리는 전쟁을 안 하고 이기는 것이다.

만약 전쟁을 꼭 해야 한다면 '속전속결(速戰速決)'로 최소의 비용과 희생으로 이겨야 한다고 말한다. 결국 손자에게 전쟁은 끝까지 살아남는 자가 강한 것이고 승리하는 것이다.

손자에게 배우는 전략, 전술을 거론하자면 수없이 많다. 여기서는 그중 5가지 전략적 철학을 살펴보기로 하자.

1. 자신을 위태롭게 하지 마라.

사회생활을 하다 보면 누구나 사람과의 관계가 가장 힘들다. 피를 나눈 형제들도 도끼눈 뜨고 싸우는 사람이 있는데 피 한 방울 나누지 않은 사람들하고 잘 지낸다는 건 쉬운 일이 아니다. 그래서 손자의 병법서 중 '지기지피(知己知彼)'를 잘해야 한다. 최소한 나를 알고 적을 알아야 뭘 해도 하는 거다. 또 상대를 알았으면 준비를 잘하고 언제나 대비해야 '불태(不殆)' 즉 최소한 위태롭게 되는 걸 막을 수 있다. '손자(孫子)'는 이 '불태(不殆)'도 자신의 노력에 달렸다고 말한다.

2. 정보를 수집해라.

기업은 언제나 경쟁상대 기업에 대한 관찰과 정보수집에 충실해야 한다. 한 기업의 성공 여부는 바로 작은 정보에서부터 시작되는 것이다. 마이크로소프트의 창업자 빌 게이츠는 그의 자서전에서 이렇게 말했다. "2,500년 전 중국의 병법가 손자는 '정보는 전쟁에서 절대 필요한 것으로 군대가 어떤 행동을 할 때마다 그 정보에 의한다'라고 말했다. 손자가 말한 것처럼 승리는 정확한 정보와 시기를 얻은 병법을 장악한 사령관을 웃게 한다." 이처럼 오늘날과 같은 본격적인 4차 산업혁명, SNS, 언택트, 그리고 누구도 예상치 못한 팬데믹 시대에는 더욱더 많은 정보가 필요하다. 열린 정보에 귀 기울이고 숨은 정보를 찾아내는 육안과 심안으로 준비한 자만이 웃게 되는 세상이다.

3. 승산 없는 싸움은 하지 마라.

손자는 "승산이 많으면 이기고, 승산이 적으면 이길 수 없다. 하물며 승산조차 없다면 어찌 싸우겠는가?" 또한 "적보다 병력이 우세하면 전쟁을 하고 밀리면 물러나야 한다. 아군이 적보다 병력이 모자라면 피해야 한다."라고 했다. 한마디로 이길 가능성이 없는 싸움은 하지 말라는 뜻이다. 너무도 뻔한 얘기지만 못 하는 이유가 뭘까? 문제는 감정 조절이다. 장수가 적의 농간에 감정 조절을 못 하고 덤비다가 참패하는 사례가 종종 있다. 가정이나 직장도 마찬가지다. 상황을 먼저 파악하고 부탁이나 제안을 하거나 혹은 거절이나 이의를 제기해야 한다. 승산 없는 일에 감정을 앞세워 고집 피울 필요는 없다.

4. 때론 돌아서 가라.

'발묘조장(拔苗助長)'이란 말이 있다. 급하게 서두르다 오히려 일을 망친다는 뜻이다. 한마디로 '급할수록 돌아가라.'라는 말이다. 이와 같은 말을 손자는 병법서에서 '우직지계(迂直之計)'라고 말하고 있다. "가까운 길은 곧게만 가는 것이 아니라 돌아갈 줄도 알아야 한다."라는 뜻이다. 때론 사고를 뒤집어 돌아서 가는 게 정답일 때가 있다. 제나라 책사 안영이 왕과 사냥을 나갔다가 사냥 지기의 부주의로 사냥감을 잃어버렸을 때, 안영이 왕과의 충돌을 피하고 우회하는 말로 왕을 깨닫게 했던 것처럼 말이다. 예를 들어보자.

사내에서 신입사원이 위 간부(임원급)에게 실수를 범해 곤란한 상황이 연출되고 있다고 가정하자. 그리고 당신은 그 중간쯤 되는 직급이라면 어떻게 하겠는가? 아무것도 모르는 신입사원에게 무지막지한 폭탄이 날아가려는 찰나에 당신이 대신 선수를 치는 것이다. 'K씨 아무리 신입사원이지만 최소한 사내 규칙들은 숙지하고 있어야 합니다! 다행히 P전무님께 이런 실수를 범하신 걸 행운으로 아세요. 우리 회사에서 가장 인기도 많으시고 인자하시기로 소문나신 분입니다. 하지만 전 용서가 안 될 것 같습니다. P전무님 죄송합니다. K씨! 따라오세요!' 멋지지 않은가. 때론 직접적으로 말하는 '직설화법'보다는 돌려서 말하는 '우회화법'이 효과적일 때가 있다고 본다.

5. 지도자, 리더에게 요구한다.

손자가 지도자에게 요구한 5가지 덕목이다. '지(智), 용(勇), 신(信), 엄

(嚴), 인(人)'이다. 그럼 하나씩 살펴보자.

'지(智)'란 상황과 정황을 판단하는 힘, 다시 말해 통찰력이다. 지도자는 어떠한 상황이나 정황에 처해 있어도 흔들리지 않고 정확한 통찰력으로 조직을 이끌어야 한다. 따라서 지도자의 '지(智)'에 따라 조직의 흥망이 좌우되기도 한다.

'용(勇)'이란 한마디로 용기와 결단력을 말한다. 진정한 용기란 나아갈 때와 물러날 때를 아는 것을 말한다. 다시 말해 승산이 없다고 판단되면 과감하게 물러나고 승산이 보이면 바로 결단을 내리고 돌격할 수 있는 용기가 있어야 한다. 아무 생각 없이 나아가기만 하면 그건 용기가 아니라 풋내기들이 하는 객기(客氣)다.

'신(信)'이란 바로 '신의(信義)'를 말한다. 즉 지도자의 가장 중요한 덕목 중에 하나로 '약속한 것은 반드시 지킨다.'라는 것이다. 또 지도자는 어떤 경우에라도 쉽게 답변하지 않는다. 그뿐만 아니라 대답에 있어서는 신중함을 유지해야 한다. 한 조직의 발전을 위한 성과와 성장만을 위해 거짓 약속으로 공약만 내세운다면, 그 조직이 무너지는 것은 시간문제다.

'엄(嚴)'이란 '엄격함'을 말한다. 지도자는 언제나 엄격한 태도와 올바른 자세를 갖추고 있어야 한다. 또한 '신상필벌(信賞必罰)'이라고 상을 줄 만한 자에게는 반드시 상을 주고, 죄가 있는 자에게는 반드시 벌을 줘야 한다는 말이다. 다시 말해 상벌에 있어서는 즉각적이고 단호하게 다스려야 한다. 칭찬은 고래도 춤추게 한다는 말이 있듯이 아무리 작은 성과라도 칭찬과 '상(賞)'에 인색하면 안 된다.

'인(人)'이란 '배려'를 말한다. 지도자는 언제나 '인(人)'의 마음으로 부하들을 대해야 한다. 때론 부모처럼 때론 형제처럼 그들을 이해하고, 또 고충도 들어주는 보살핌의 마음을 가져야 한다. 열 손가락 깨물어서 안 아픈 손가락이 없다. 지도자는 자신의 조직원 한 사람 한 사람을 소중히 생각하고 아끼는 마음을 항상 유지해야 한다.

'손자(孫子)'의 『손자병법(孫子兵法)』은 다시 한번 말하지만 내게는 병법서가 아니라 이 세상 속에서 생존하기 위한 철학서라고 생각한다. 그의 위대하고 방대한 전략과 전술을 여기서 다하지 못함에 아쉽기만 하다. 마지막으로 손자의 정신을 담은 한 구절로 끝맺고자 한다.

"싸우지 않고 이기는 것이 최상의 '승(勝)' 하지만 싸우기 시작하면 반드시 이겨야 한다."

04

채근담으로 보는
인생의 쓴맛

"있다고 다 보여주지 말고, 안다고 다 말하지 말고, 가졌다고 다 빌려주지 말고, 들었다고 다 믿지 말 것"이라는 말은 셰익스피어의 4대 비극 중 『리어왕』에 나오는 대사다. 이 한 구절로 인간의 정체성에 대한 냉혹한 성찰을 보여주는 대사가 아닌가 싶다. 인간사회의 관계 역시 이래야한다는 것에 마음이 씁쓸할 뿐이다. 그런데 여기 더 쓰디쓴 나물 뿌리를 씹어본 사람만이 알 수 있다는 삶의 지혜서가 있다. 바로 홍자성의 『채근담(菜根譚)』이다.

『채근담(菜根譚)』은 수신과 처세, 세상만사 인간관계의 경전으로 만해

한용운 선생도 이 책을 번역하고 해설하였다고 한다. 또한 사상적인 면에서는 유가에 한정되어 있지 않고 도가와 불교 등 다양한 사상이 복합적으로 집대성된 수양 도서라고 해도 과언이 아니다. 인생의 쓴맛을 제대로 본 사람이라면 한 줄 한 줄이 마음에 꼭 와닿을 것이다. 나 역시『채근담(菜根譚)』을 읽는 내내 마음속의 동조와 깨달음을 얻었고 마음속 위로와 충고를 받았다. 『채근담(菜根譚)』의 많은 주옥같은 삶의 혜안을 담고 싶지만 아쉽게도 그중에 세상살이에 대한 몇 가지 처세에 대해서만 전달하고자 한다.

1. 과오(過誤)가 없다면 그것이 바로 성공이다.

"菜根譚 句, 處世不必邀功, 無過便是功, 與人不求感德, 無怨便是德"
(채근담 구, 처세불필요공, 무과변시공, 여인불구감덕, 무원변시덕)

그 뜻을 보면 다음과 같다.

"세상을 살아가면서 성공만을 바라지 마라.
과오가 없으면 그것이 곧 성공이다.
사람들에게 베풀고서 그 덕에 감사하길 기대하지 마라.
원망을 사지 않는다면 그것이 곧 덕이다."

사람들은 모두 성공하기를 바란다. 당연한 얘기다. 누가 세상을 살면서 시작부터 적당히 살려고 하겠는가. 그렇다고 성공하고 싶다고 모두가 성공할 수 있는 것도 아니다. 어쩌면 그래서 더 성공을 바랄 수도 있겠다. 하지만 세상살이에 있어 '과오(過誤)'가 없는 삶이 바로 실패하지 않은 삶을 말한다. 그리고 실패하지 않은 삶이 곧 성공한 삶이라고 말하고 있다. 또한 사람들에게 덕을 베풀고 그 은덕에 감사하기를 바라지 말라는 거다. 오히려 베풀고도 원망을 사지 않는 것이 진짜 은덕이라는 거다.

2. 권모(權謀)와 술수(術數)를 알지만 사용하지 마라.

"勢利紛華 不近者爲潔, 近之而不染者爲尤潔, 智械機巧 不知者爲高,
知之而不用者爲尤高"
(세리분화 불근자위결, 근지이불염자위우결, 지계기교 부지자위고,
지지이불용자위우고)

"권세와 명리의 번화함은 가까이하지 않는 이가 깨끗하다.
가까이할지라도 물들지 않는 사람은 더욱 깨끗하다.
권모와 술수를 모르는 사람은 높은 사람이다.
그것을 알더라도 사용하지 않는 사람이 더 높은 사람이다."

겉보기에 화려한 권세와 명리는 알고 보면 깨끗하지 않다는 거다. 그러니 이러한 권세와 명리를 가까이하지 않는 사람이 깨끗하다는 거다. 또 권모(權謀)와 술수(術數)를 모르는 사람은 모르기 때문에 못 써 높다고 하지만 알면서도 물들지 않고 사용하지 않는 사람은 더욱 높다고 말하는 것이다. 보통 직장생활을 하다 보면 문제점이 발생했을 때 수단과 방법을 가리지 말고 해결하라고 한다. 이때의 수단과 방법은 최선을 다해서 그 일을 처리하라는 뜻이지 온갖 중상모략(中傷謀略)과 술책(術策)으로 하라는 소리는 아니다. 설사 그 뜻이라 해도 그렇게 하지 않았다면 정말 높다고 말할 수 있는 것이다.

3. 마음속 물욕(物慾)과 성인(聖人)의 경지

"作人, 無甚高遠事業, 擺脫得俗情, 便入名流"
"爲學, 無甚增益工夫, 減除得物累, 便超聖境"
(작인, 무심고원사업, 파탈득속정, 변입명류)
(위학, 무심증익공부, 감제득물루, 변초성경)

"사람으로 태어나 사업이 높고 원대하지 못하여도, 세속의 정에서 벗어날 수 있다면, 명사가 될 수 있다. 또 학문을 연마하되 뛰어나게 공부하지 못하여도, 마음에서 물욕을 없애면, 성인의 경지에 이를 수 있다."

즉 큰일을 한다고 하지만 세속의 욕정에 못 이겨 패가망신한 사람들이 많다. 또 특출나게 공부를 잘하지 못해도 물욕을 제어하면 성인의 대열에 들지만 제어하지 못하면 이 또한 패가망신을 당한다는 말이다. 결국 우리 마음속 욕정과 물욕에 대한 경고인 셈이다.

4. 성공(成功)과 실패(失敗)의 차이

"建功立業者 多虛圓之士, 僨事失機者 必執拗之人"
(건공입업자 다허원지사, 분사실기자 필집요지인)

"공을 세우고 사업을 이룬 사람은 보통 허심탄회하고 원만한 사람이 많다. 일에 실패하고 기회를 놓친 사람은 반드시 집착하고 고집이 센 사람이다."

즉 성공한 사람이 특별한 것 같지만 사실 알고 보면 원만한 사람들이 많다는 거다. 반면 실패한 사람들은 확실히 집착과 고집이 많다는 거다.

그런데 여기서 집착과 고집은 성공을 위한 꾸준함과 끈기와는 거리가 먼 것을 말하는 거다. 성공을 위한 집착과 고집은 에디슨이 필라멘트 개발을 위해 1,200번 이상 실험한 노력과 열정 같은 것을 말한다.

5. 침묵(沈默)을 겪어봐야 말(言) 많음이 시끄러움을 안다.

"居卑而後知登高之爲危, 處晦而後知向明之太露"
"守靜而後知好動之過勞, 養默而後知多言之爲躁"
(거비이후지등고지위위, 처회이후지향명지태로)
(수정이후지호동지과로, 양묵이후지다언지위조)

"낮은 곳에 살아본 후에야 높은 곳에 오르는 것이 위험한 줄 알게 되고, 어두운 곳에 있어본 후에야 밝은 빛이 눈부신 줄 알게 된다. 또 고요함으로 살아본 후에야 활동을 좋아하는 것이 곧 수고롭다는 걸 알게 되고, 침묵으로 지내본 후에야 말 많음이 시끄러운 것임을 알게 된다."

즉 실패의 쓴맛을 보고 인생 밑바닥을 치고 나면 이제 올라갈 일만 남은 것이다. 하지만 올라가는 게 녹록하지 않다. 또한 말없이 지내봐야 말이 많음이 시끄러운 것임을 알게 된다. 결국 남의 처지를 볼 때는 모른다. 하지만 그 처지가 내가 될 때 비소로 모든 것을 깨닫는다는 말이다.

위 다섯 가지 세상살이에 대한 마음가짐을 다시 정리해보고 뿌리를 씹듯 곱씹어보기 바란다. 사람은 누구나 성공하고 실패한다. 하지만 그 무게 중심이 어디에 있는가는 우리들의 마음속에 있다. 실패하지 않고 버

티고 있는 것도 성공이다. 그렇다고 권모와 술수를 쓰면서까지 성공을
갈망해서는 안 된다. 아직 위대할 만큼 성공하지 못했지만, 물욕을 버려
성인의 대열에 들어갈 수도 있다. 이는 내가 원만하기에 가능한 일이지
만일 집착과 고집을 부렸다면 불가능한 일이다. 바닥까지 내려가봐야 올
라가려고 하는 것이고, 조용해봐야 시끄러운 것을 싫어하는 것이다.

05

명심보감과 함께하는
자기 성찰

『명심보감(明心寶鑑)』은 고려 충렬왕 때 예문관제학을 지낸 문신 추적(秋適)이 금언(金言), 명구(名句)를 모아놓은 책이다. '명심(明心)'은 명륜 혹은 명도처럼 마음을 밝게 한다는 말이고 '보감(寶鑑)'은 보물 같은 거울이란 말이다. 다시 말해 '마음을 밝히는 보배로운 거울'이란 뜻이다. 가정과 서당에서 어린이들의 학습을 위해 『천자문(千字文)』과 『동몽선습(童蒙先習)』과 함께 기초 교재로 쓰인 책이다.

하지만, 현재 사회에는 어린이, 청소년, 성인에 이르기까지 모든 이에게 교훈이 되는 삶의 지혜서이다. 또한 『명심보감(明心寶鑑)』은 그 속에 숨겨진 우리 민족의 정서적 가치관을 알 수 있는 중요한 자료이기도 하다. 『명심보감』 속에 있는 몇 가지 지혜의 말과 함께 잠시 깨달음의 시간을 가져보자.

이 말은 '콩 심으면 콩 나고 팥 심으면 팥 난다.'란 속담과 같은 뜻으로 노자(老子)의 『도덕경』「임위편(任爲篇)」에서 온 말이다. 그 뜻을 살펴보면 '오이씨를 심으면 오이를 얻고 콩을 심으면 콩을 얻는다.'라는 말이 된다. 즉 모든 일에는 그 원인이 있고 또 결과 없는 원인은 없다는 것을 강조하는 말이다. 가정이나 직장에서 일하다 보면 하루에도 크고 작은 많은 일이 우리를 맞이한다. 때론 좋은 일 때론 나쁜 일이 우리 앞에 놓인다. 그때마다 모든 일의 씨앗을 찾아보는 습관을 갖는 것도 좋다.

가령, 좋은 일이라면 '어떻게 이런 일이 내게 생긴 거지.'라는 생각과 동시에 자신의 지난 행위에 대한 재점검으로 한 번 더 성장할 수 있다. 만일 나쁜 일이라면 무조건 화내거나 슬퍼할 일이 아니다. 차분히 그 결과에 대한 원인을 찾아내고 반성해야 한다. 그래야 똑같은 실수를 반복하지 않는 것이다. 하지만 니체가 말했듯 인간은 망각의 동물인지라 마음가짐에 대한 꾸준한 수양을 위해 반복해서 되새기며 익혀야 한다. 突不燃不生煙(돌불연불생연)이란 말처럼 아니 땐 굴뚝에 연기 날까? 안 난다!

「정기편(正己篇)」에 나오는 말

"太公曰, 勿以貴己而賤人, 勿以自大以蔑小, 勿以恃勇以輕敵"
(태공왈, 물이귀기이천인, 물이자대이멸소, 물이시용이경적)

우선 풀이를 보면 '태공이 말하길, 내가 귀하다고 남을 천하게 여기지 마라. 내가 크다고 해서 남의 작은 것을 업신여기지 마라. 자신의 용맹을 믿고 적을 가볍게 여기지 마라.'이다. 한마디로 사람은 '겸손(謙遜)'해야 한다는 말이다. '一兼四益(일겸사익)'이란 말이 있다. 한 번의 겸손은 네 가지 유익을 가져다준다는 뜻이다. 여기서 네 가지는 천(天), 지(地), 신(神), 인(人)의 사자로부터의 유익(有益)을 뜻한다.

다른 사람과의 인간관계에 있어 언제나 우선시되는 것은 '겸손(謙遜)'이다. 진정한 리더는 나를 귀하게 여기는 만큼 조직원도 귀하게 여긴다. 그것이 조직원과의 원만한 관계를 유지하는 비결이자 존경받는 이유다. 또 상하 관계에 있어서는 더욱더 아랫사람에 대해 예를 다할 때 신뢰를 얻을 수 있는 것이다. 하지만 경쟁에 있어서는 언제나 그 용맹함을 유지해 최선을 다해야 한다.

「계성편(戒性篇)」에 나오는 말

"得忍且忍 得戒且戒, 不忍不戒 小事成大"
(득인차인, 득계차계, 불인불계, 소사성대)

그대로 풀이하면 '참고 또 참아라, 경계하고 또 경계하라. 참지 않고 경계하지도 않으면 작은 일이 크게 된다.'는 의미이다. 옛말에 '송곳니가 방석니가 된다.'라는 말이 있다. 억울하고 분한 감정을 조절하지 못해 결국 이를 심하게 갈아서 송곳니가 방석처럼 판판해진다는 뜻이다. 요즘 세상에 감정 조절을 하지 못해 일어나는 사건들이 많다. 그중 아파트 내에 주차 문제로 경비원을 폭행하는 일, 작은 층간 소음이 분쟁이 되어 보복형 스피커에서 폭행과 살인으로 이어지는 등 사회문제가 '비일비재(非一非再)'하다. 결국 참지 못해 작은 일이 큰일이 된 꼴이다.

「치정편(治政篇)」에는 當官者, 必以暴怒爲戒(당관자, 필이폭노위계)란 말이 있다. '관리자는 지나치게 화를 내는 걸 경계하라.'라는 뜻이다. 공직자들의 갑작스러운 분노 표출에 대한 주의다. 무릇 공직자뿐만이 아니다. 한 조직의 리더가 아랫사람의 일 처리에 대해 불만족스럽거나 화가 나더라도 참아야 한다. 만약 리더가 매사에 화부터 낸다면 결국 스스로 자기 몸을 해치게 되는 꼴이다. 옛말에 '참는 자에게 복이 있다.'라는 말이 있다. 이 말은 결국 참고 또 참아서 화를 당하지 않았기에 복이 된다는 말이 아닐까 싶다.

「언어편(言語篇)」에 나오는 말

"利人之言 煖如綿絮, 傷人之語 利如荊棘"
(이인지언 난여면서, 상인지어 이여형극)

'사람을 이롭게 하는 말은 따뜻하기가 솜이나 무명과 같다. 사람을 상하게 하는 말은 날카롭기가 가시와 같다.' 이 세상에서 사람을 가장 아프게 하는 것은 사람의 말이다. 말은 천리도 가지만 바로 앞에 있는 사람의 생사를 결정하기도 한다. 이처럼 「언어편(言語篇)」에는 말에 대한 말이 많이 나온다. 말에는 예쁜 말, 좋은 말, 행복한 말들도 많은데 군이 악담으로 다른 사람의 가슴에 상처를 주는지 모르겠다. 다음은 말을 만들어내는 입과 혀에 관한 말이다.

"君平曰, 口舌者 禍患之門, 滅身之斧也."

　풀이부터 보면 '입과 혀는 재앙과 근심이 들오는 문이요, 자신을 죽이는 도끼다.'라는 말이다. 한마디로 입 다물고 혀 감추고 아무 말도 하지 말라는 소리다. 어째 풀이가 좀 섬뜩하면서도 위압감을 주는 듯하다. 사실 그럴 만한 문구이기도 하다. 위 구절의 출전은 조선 시대 연산군이 신하들에게 말을 조심시키기 위해 목에 걸어주었던 '신언패(愼言牌)'에 쓰인 문구다. 그래서 오늘날에도 말조심에 대해 강조할 때면 이 문구를 종종 인용한다.

　그럼 잠깐 '신언패(愼言牌)'의 내용에 대해 알아보자.

　'입과 혀는 재앙과 근심이 드나드는 문이고 몸을 해하는 도끼와 같은 것이다. 입을 다물고 혀를 깊이 간직하면 몸은 어느 곳에 있든지 편안할 거다.' 참 무시무시한 내용이 맞는 것 같다.

　『명심보감(明心寶鑑)』은 앞 2~4장에 서술된 『채근담(菜根譚)』에 견주어도 전혀 손색이 없는 삶의 지혜서다. 또한 누구나 쉽고 편하게 읽을 수 있는 고전이며 세상만사 인간다운 삶의 초석이 되는 책이다. 일부의 내용이지만 삶의 영양분으로 쓰면서 잠시나마 성찰의 시간을 갖길 바란다.

06

논어에서 바라보는
긍정의 힘

"군자는 그릇이 되어서는 안 된다." 무슨 말일까? 군자가 그릇과 무슨 상관일까? 바로 『논어(論語)』, 「위정편(爲政篇)」에 나오는 '君子不器(군자불기)'의 뜻이다. 언뜻 보면 재미있는 말인 것 같지만 정말 심오(深奧)한 뜻이 숨어 있다. 그중 눈여겨볼 글자가 '器(기)'이다. 공자(孔子)가 바라보는 군자의 그릇은 그 사람이 가지고 있는 역량(力量)을 말한다. 다시 말해, 그릇이 그 모양에 따라 쓰임새가 달라지듯이, 사람에 따라 그 역량도 달라진다는 것이다. 흔히 우리가 대인(大人)을 보면 '역시 그릇이 다르다.'라고 표현하는 것처럼 사람의 인성이나 인격의 도량을 말할 때 그릇에 비유한다.

공자(孔子)가 말하는 군자의 器(기)에는 또 다른 의미가 있다. 앞에서 군자의 그릇은 그 사람이 가지고 있는 역량(力量)이라고 했다. 그렇기에 그릇의 종류와 용도에 따라 역량도 달라진다. 만일 다양한 그릇에 물을 부어본다고 생각해보자. 물은 형태를 가지고 있지 않기 때문에 주어진 그릇에 따라 형태를 만든다. 하지만 공자(孔子)가 말하는 군자는 이처럼 일정한 용도의 그릇에 국한되어서는 안 된다고 말한다. 만약 器(기)를 용도가 아닌 사람의 덕(德)으로 본다면 이야기는 달라진다. 군자는 덕(德)에 있어 한 가지 그릇에 국한된 능력이 아니라 모든 그릇에 담길 수 있는 능력을 갖추라고 말한다.

오늘날 조직의 리더가 한 가지 기술과 능력만을 고집한다면 더 이상의 발전은 기대하기 어렵다. 물론 전문성을 발휘해서 독보적인 행보는 갈 수 있지 않겠냐고 반문하겠지만, 장담컨대 불가능하다. 현대 사회는 하나만 잘해서는 안 된다. 스티브 잡스의 경영 철학인 인문과 IT 기술의 결합은 물론이고 과학과 인문(학) 등이 통합된 경영의 4차 산업혁명의 시대이다. 따라서 군자는 더욱더 學則不固(학즉불고)해야 한다고 말한다. 즉 끊임없이 새로운 학문을 배움으로써 다양한 지식과 식견을 갖춰야 고루함이 없다고 한다.

아빠도 한 가지 그릇이 아니다. 가정에서 아빠는 한 가지 그릇이 되면 안 된다. 자식들이 물어보면 가능한 대답을 다 해줘야 한다. 왜냐고 묻는다면 대답은 하나다. 아빠니까. 물론 미분법공식이나 3차 함수그래프, 원소 주기율표나 비문학과 같은 전문분야는 제외다.

나는 아들 하나, 딸 둘을 둔 대한민국 다둥이 아빠다. 그래서 애국자고 그렇기에 더 많이 노력해야 한다. 고1 들어간 아들의 어느 날 질문에 『손자병법(孫子兵法)』의 병법서 활용, 중1 올라간 첫째 딸의 천문학 관심에 『코스모스』 도서 설명, 사실 이 도서는 이미 있었기 때문에 가능했다.

문제는 막내 늦둥이 7살 된 막내딸이다. 세종대왕의 한글과 업적, 장영실의 과학발견과 발명, 그 외 김정호의 대동여지도, 김홍도의 풍속화까지 대답을 해줘야 한다. 요즘 유치 아동이 더 무섭다. 어린이집마다 다르겠지만 우리 아이의 어린이집은 매달 한 권씩 역사 동화책을 공부하고 나면 아이들 가정으로 공부한 동화책을 보낸다. 아이들은 재미있고 좋으면 계속 읽어달라고 하고 물어보는 게 습성이다. 아빠가 할 일은 여기서 그치지 않는다. 집안일 중 전기, 수도, 그리고 보일러 등 각종 벌어지는 많은 것을 처리해줘야 한다.

다시 말해 아빠는 통합된 상식과 지식을 두루두루 갖춰야 하니 군자 이상의 노력이 필요하다고 본다. 또다시 왜냐고 묻는다면 또다시 말해주겠다. 한마디로 家和萬事成(가화만사성)이다. 가족은 가장 작은 단위의 구성원이다. 리더로서 그 구성원의 그릇이 안 되는데 어떻게 나아가 큰 조직의 리더가 되고 최고경영자가 되겠는가. 무릇 '집안이 화목해야 모든 일이 잘 이루어진다.'에서의 모든 일은 결코 일반적인 단위가 아니다.

공자(孔子)는 진정한 그릇의 군자가 갖춰야 할 덕(德)을 다음 세 가지 '인(仁), 지(知), 용(勇)'이라 정의하고 있다. 여기서 덕(德)은 역시 앞서 거론한 그릇으로 보자. 『논어(論語)』, 「헌문편(憲問篇)」에 나오는 이 구절을 살펴보자.

"子曰, 君子道者三, 我無能焉. 仁者不憂, 知者不惑, 勇者不懼.
子貢曰, 夫子自道也"
(자왈, 군자도자삼, 아무능언. 인자불우, 지자불혹, 용자불구.
자공왈, 부자자도야)

그 뜻부터 하나씩 살펴보자.
"공자께서 말하길,
군자의 도(道)에는 세 가지가 있다.
내가 어찌 할 수 있는 것은 없다.
어진 사람(인자(仁者))은 근심하지 않는다.

지혜로운 사람(지자(知者))은 미혹되지 않는다.

용기 있는 사람(용자(勇者))은 두려워하지 않는다.

자공이 말하길,

스승이 스스로 말씀하신 거다.”

공자(孔子)가 말한 삼덕(三德)을 갖춘 사람은 '인자(仁者)', '지자(知者)', '용자(勇者)'로 구분할 수 있다. 그리고 다시 풀어서 해석하면 불우(不憂)는 백성을 사랑하고 아끼는 마음을 가진 인자(仁者)에서 기인하고, 불혹(不惑)은 세상의 이치를 깨닫고 올바른 지식을 갖춘 지자(知者)에서 기인하며, 불구(不懼)는 불의에 굴복하지 않고 어떠한 일에도 두려워하지 않는 용자(勇者)에 의해 기인한다고 말할 수 있는 것이다.

훌륭한 지도자는 언제나 조직원들을 바라볼 때 부모의 입장이 되어 바라볼 줄 알아야 한다. 자신들을 아끼는 마음을 가진 지도자를 믿고 따르지 않을 조직원은 없다. 또 지도자는 흔들림 없이 어떠한 상황에도 중심을 바로 잡고 유지할 수 있어야 한다. 갑작스러운 변화나 위기 상황을 접하게 되면 조직원들은 중심을 잃고 우왕좌왕할 수 있다. 지도자라면 이때 지혜를 발휘해 위기를 극복하고 상황을 빠르게 정리할 수 있어야 한다. 그것이 리더로서 조직원들의 신뢰를 쌓는 길이다. 마지막으로 용기 있는 지도자는 위기 상황을 접하게 되더라도 두려워하지 말고 즐길 줄 알아야 한다. 조직원들은 그런 지도자의 여유와 용기를 보고 존경하게 되는 것이다.

『논어(論語)』에서 바라보는 긍정의 힘은 결국 공자가 말한 군자의 처세라고 생각한다. 지도자가 긍정의 힘으로 조직을 이끌어나가기 위해서는 끊임없는 자기 수양과 배움을 통해 얻을 수 있다고 본다. 우리는 진정한 군자의 그릇과 군자가 갖춰야 할 세 가지 도(道)에 대해 알아보았다. 하지만 언제나 중요한 건 글을 읽고 알았다면, 몸으로 체득해보는 것이다. 마하트마 간디는 "항상 생각과 말과 행동이 완전한 조화를 이루도록 하라. 늘 생각을 정화하는 것을 목표로 하면 모든 것이 잘될 것이다."라고 말했다. 나 역시 올바른 것을 보고 읽고 그리고 듣기 위해 애쓰며, 언제나 그것에 대한 '생각과 말과 행동'을 함께하려고 노력한다.

07

인문고전으로
나를 먼저 바꿔라

'어제와 똑같은 삶을 살면서 다른 미래를 기대하는 것은 정신병 초기증 상이다.' 바로 아인슈타인의 말이다. 메시지가 정말 강력하고 확실한 것 같다. 핵심은 미래에 대한 내 모습을 위해 현재의 내 모습을 돌아봐야 한 다는 것이다. 미래에 꿈꾸고 소망하는 게 있다면 지금 당장 미래를 위해 변화를 시도하고 바꿔나가야 한다는 말이다.

나는 새로운 일을 시작할 때면 언제나 미래의 내 모습을 먼저 그려보 고 시작한다. 마치 우주의 끌어당기는 법칙처럼 내 모습을 상세히 묘사 하고 파이프라인을 연결하는 거다.

그렇게 처음 변화를 시도했던 것은 금연과 걷기 훈련이다. 내가 거주하던 곳은 일산 고양시였고 가족 사업으로 시작한 사업장은 서울, 삼청동이었다. 어느 날 갑자기 가슴에 약간의 통증이 오기 시작했다. 또한 숨을 쉬면 가슴이 답답할 때도 종종 있었다. 결국 걱정되는 마음에 병원을 찾아가 검사를 했다. 다행히 검사 결과는 아무 이상이 없었으나 담당 의사의 뼈 있는 말이 이어졌다. "지금 검사 결과는 이상 없지만, 다른 문제가 발생될 수 있습니다." 그러니 "우선 금연부터 하세요." 그리고 "가슴의 통증은 심장이 문제입니다. 심장을 튼튼하게 하려면 걸으세요."

아니, 결과는 좋은데 대비는 무지막지한 충고였다. 나는 온종일 고민했다. 그리고 미래의 건강한 내 모습을 그려보며 생각하고 또 생각해봤다. 그리고 내가 내린 결정은 한 번에 두 마리 토끼 잡기, 한마디로 '일거양득(一擧兩得)'의 노림수다. 첫 번째는 금연 클리닉 신청이다. 아무리 생각해봐도 혼자의 힘으로 부족하다고 생각해 보건소를 찾아갔다. 전문가와 상담을 하고 6개월 금연 클리닉을 시작하기로 했다.

두 번째는 자동차 팔기! 사실 이 부분이 제일 마음이 아팠다. 당시 처가 식구와 요식업을 새롭게 시작했고, 또 그 전 창업의 실패로 경제적 타격이 심한 상태였다. 남자들의 로망 중 하나인 자동차를 팔고 대중교통을 이용하면서 걷기로 스스로 결정한 거다. 문제는 군대를 제대한 이후부터 당시까지 대중교통을 타본 적이 거의 없기에 솔직히 걱정을 많이 했다. 지금도 그때를 생각하면 정말 대단한 결심이었다고 생각한다.

나는 버스와 지하철을 이용하면서 조금씩 변화해가는 내 모습에 자신감도 많이 생겼다. 미래의 금연을 한 내 모습과 튼튼한 심장의 모습을 그려보며 출퇴근을 하였다. 하지만 또 하나의 문제가 발생한다. 그것은 출퇴근 시간에 너무 많은 시간을 소비한다는 것이다. 당시 출퇴근으로 소비하는 시간이 하루 평균 총 3시간 20분이었고 그중 지하철 소요 시간만 정확히 100분이었다. 하늘은 스스로 돕는 자를 돕는다고 금연도 성공적으로 진행되고 있고 심장도 튼튼해지고 있었다. 하지만 나는 알 수 없는 무언가 불편함을 느꼈다.

시간은 금이다. 모두가 아는 이야기다. 그럼 '부자는 돈으로 시간을 산다.' 반면 '빈자는 시간을 팔아 돈을 번다.'라는 말도 알고 있을 것이다. 한때는 시간을 벌던 내가 지금은 그 시간을 팔아야 했다. 그때 난 순간적으로 내가 너무 한심하다는 생각을 잠시 한 적도 있다. 건강을 위해서라는 명분만으로 내 마음을 달래기에는 자존심이 허락하지 않았다. 그때 내 머릿속에 떠오른 생각이 시간에 대한 손실 만회였다. 그럼 어떻게 하면 손실을 만회할까? 라고 생각할 때 머릿속에 떠오른 생각이 독서였다. 그리고 시작한 장르의 독서가 바로 인문고전이었다.

내가 고전을 선택한 이유는 상처받은 내 마음의 정화와 미래에 대한 불안감으로 돌파구를 찾고 싶어서였다. 하지만 좀 더 솔직하게 말하면 고전을 통해 옛 현인들의 목소리로 위로받고 싶었던 것 같다. 그렇게 '自强不息(자강불식)'하며 시작된 독서는 손실된 시간을 다시 내 자산으로 만들어주었다. 또한 그 시간은 독서 습관을 길들이기에 충분한 시간이었다. 만일 그때 '至誠無息(지성무식)'으로 독서를 하지 않았다면 미래의 건강과 발전을 위한 나의 변화는 쉽지 않았을 것이다. 만일 누군가 내게 금연과 생활 운동에 대한 조언을 구한다면 난 주저 없이 인문고전 읽기와 더불어 시작해보라고 권하고 싶다. 왜? 내가 성공했으니까.

조지 버나드 쇼는 다음과 같이 말했다. "인간이 현명해지는 것은 경험에 의한 것이 아니고 경험에 대처하는 능력에 따르는 것이다." 인문고전을 읽고 삶이 바뀌었다고 말하는 사람들이 의외로 많다. 그리고 그들 모두가 변화된 자신의 모습과 이념에 이구동성으로 같은 말들을 한다. 그들은 위기가 올 때마다 고전에 귀를 기울였고 차분히 생각하며 하나씩 대처해나간다고 말한다. 또 그렇게 반복되다 보니 어느 순간 대처하는 능력이 생겨났다고 말한다. 나 역시 지금도 경험과 대처를 해가며 배우고 있다.

반면 인문고전을 아직 접하지 않은 사람들도 똑같은 말을 한다. 인문고전을 접하면 정말 변화가 있냐고. 내 대답은 한결같다. 확실히 있다. 그러니 지금이라도 당장 읽어라. 그리고 덧붙여 말한다. "책을 통해 나는 내 인생의 가능성이 있다는 것과 이 세상에는 나처럼 사는 사람이 또 있다는 것을 알았다. 독서는 내게 희망을 줬다. 책은 내게 열려 있는 문과 같았다."라는 오프라 윈프리의 말처럼 인문고전 책은 연령대도 없고 시대별 차이나 유행도 없다. 오늘 읽어도 좋고, 1년 후에 읽어도 좋고, 10년 후에 읽어도 좋다. 하지만, 분명한 것은 빠르면 빠를수록 좋다고 말하고 싶다.

다음은 내가 인문고전을 접하면서 변화된 3가지 사항들이다.

1. 나를 돌아보는 시간을 갖는다.

고전은 옛 문헌이란 말이다. 그래서 흔히 옛날이야기라 한다. 또 고전의 세 가지 구성요소는 다음과 같다. 첫 번째는 과거의 작품, 두 번째는 질적으로 높은 수준의 작품, 세 번째는 후세에 모범이 되는 작품이다. 내가 처음 접한 고전은 역시 공자(孔子)의 『논어(論語)』에서부터 출발했다. 『논어(論語)』에는 인(仁)이라는 글자가 가장 많이 나온다. 왜? 사람에게 꼭 필요한 글자이기 때문이다. 그런데 공자(孔子)의 인(仁)은 두 가지 요소로 해석한다.

한번은 제자가 공자(孔子)에게 인(仁)이 무엇이냐고 물었을 때 '솔직함 (直)'과 '예의 바름(禮)'으로 설명했다. 또 되물으면 그때마다 두 글자의 위치만 바꿔가며 대답했다고 한다. 중요한 건 둘 다 사람이 꼭 갖춰야 할 필수 덕목이며 나를 돌아보기에 충분한 글자란 것만 알면 된다.

고전은 확실히 학창 시절 읽었을 때와는 완전 다른 느낌으로 다가온다. 또 고전은 무엇보다도 읽으면 읽을수록 그 내용 속으로 더 깊이 있게 들어간다. 그렇게 깊이 있게 들어가다 보면 나도 모르는 사이에 생각의 깊이가 달라지고 사고의 폭도 달라지는 걸 느낀다. 그러면서 자연스럽게 자기 자신(自己自身)을 돌아보기 시작한다. 사람들이 고전을 읽으면 이전보다 차분해지고 생각이 깊어진다고 말하는 건 이런 이유에서인 것 같다. 나 역시 고전을 읽으면서 나를 되돌아보는 시간을 많이 갖게 되었고 그 힘으로 금연과 건강 그리고 경제적 도움도 함께 얻을 수 있었다.

2. 어휘력과 구사력의 변화

내가 본격적으로 고전을 읽기 시작한 것이 불혹(不惑)의 초반쯤이었다고 했다. 지금은 지천명(知天命)의 초반이다. 그런데 어휘선별과 언어 구사력에 있어 확실히 달라졌음을 느낀다. 단순히 나이 먹어서 그런 게 아니다. 사람들과 이야기할 때 집중력 또한 상당히 좋아졌음을 느낀다. 게 다가 놀라운 건 좋아진 어휘력과 구사력 덕분에 글 쓰는 문장력도 함께 좋아졌다는 것이다. 예전에 도서를 읽고 서평 했던 글들을 찾아서 보면 확실히 차이가 난다. 물론 경험이 많이 쌓여 그럴 수도 있다고 본다. 하지만 지금 이렇게 작가로 활동하는 걸 보면 확실히 달라지고 좋아진 게 사실이다.

3. 문제를 바라보는 시각과 해결 능력의 변화

"정해진 해결법 같은 것은 없다. 인생에 있는 것은 늘 진행 중인 힘뿐이다. 그 힘을 만들어내야 한다. 그것만 있으면 해결법 따위는 저절로 알게 되는 것이다." 바로 생텍쥐페리의 말처럼 그 진행 중인 힘은 결국 자기 자신(自己自身)의 내면의 힘이다. 그 내면의 힘을 기르고 성장하기 위해서 우리는 독서를 하는 것이다. 또 독서를 통해 얻은 지식을 하나씩 하나씩 쌓아서 다시 지혜로 만들어낼 줄 알아야 한다. 특히 고전 속 옛 성인(聖人)과 현인(賢人)의 살아 숨 쉬는 말을 통해 그 의미를 깨닫고 삶에 적용해보자. 장담컨대 분명히 문제에 대한 시각과 해결 능력이 변화되는 것을 느낄 수 있을 것이다.

08

하루 10분이면
삶의 전략적 사고가 달라진다

"세상에는 두 종류의 사람들이 있다. 자신이 할 수 있다고 생각하는 사람과 할 수 없다고 생각하는 사람이다. 물론 두 사람 다 옳다. 언제나 자신의 경험이 그러한 믿음을 만들기 때문이다."

바로 포드 자동차 창업 회장인 헨리 포드의 이야기다. 나는 여러분이 전략적 사고를 통해 전자의 사람이 되기를 바란다. 전략적 사고란 최고의 목적달성을 위한 최적의 대안을 모색하는 사고능력이다. 또한 어떤 문제가 발생했을 때 새로운 관점으로 접근해 문제를 해결하는 사고능력을 뜻하기도 한다. 그래서 전략적 사고가 이루어지기 위해서는 현실적 사고, 논리적 사고, 그리고 창의적 사고가 뒷받침되어야 한다.

　가령 문제가 발생하면 현실적 사고를 통해 사실만 가지고 냉정하게 판단해야 한다. 그렇지 않으면 막연한 사고와 편향된 추측으로 대충 지나칠 수 있다. 현실적 판단이 끝나면 이제부터는 논리적 사고로 접근해야 한다. 언제, 어디서, 어떻게, 왜 발생했는지에 대한 분석과 함께 새로운 접근 방식의 사고가 수반되어야 한다. 그리고 마지막으로 필요한 것이 창의적인 사고방식이다. 다시 말해 무(無)에서 유(有)를 찾아내는 사고가 필요하다. 틀에 박힌 고정관념에서 벗어나 완전한 사고의 전환이 이루어져야 한다.

　이와 같은 전략적 사고는 하루아침에 이루어지는 게 아니다. 하지만 하루 10분 인문고전을 통해 꾸준히 노력한다면 누구나 가질 수 있는 전략적 사고이기도 하다.

다음은 4가지 삶의 전략적 사고 변화다.

1. 뇌와의 대화를 통한 전략적 사고 변화

나는 매일 아침 독서를 통해 뇌와 대화한다. 다시 말해 뇌의 메타인지

능력을 키우는 훈련을 하는 거다. 예를 들어보자.

책을 펼 때: 잘 잤어, 뇌! 오늘도 전략적 사고를 위해 책을 보니 뇌도
　　　　　기분이 좋아 보이네.

책을 볼 때: 맞아! '실사구시(實事求是)' 눈으로 보고 귀로 듣고 손으로
　　　　　만져보는 것처럼 실험과 연구를 통해 사실에 입각하여 탐
　　　　　구해보는 거야! 뇌도 잘 아네. 우린 그런 전략적 사고가 필
　　　　　요해. 뇌도 그렇게 생각하지!

책을 덮을 때: 뇌! 오늘은 최소 세 번은 전략적 사고로 실천해보자!

아주 간단하다. 지금 내가 하는 목적의 행위에 대해 뇌와 대화만 하면
된다. 하루 10분 고전을 읽든 철학서나 소설을 읽든 상관없다. 중요한 건
뇌와의 대화를 통해 전략적 사고를 키우는 거다. 실제로 일반 독서보다
는 뇌와 대화를 하면서 했을 때가 기억에 많이 남는다. 말 그대로 뇌 스
스로가 인지하고 분석하는 능력이다. 그 말은 결국 뇌로부터 실생활에
적용할 수 있도록 체득된 상태라고 보면 된다.

2. 선견력을 통한 전략적 사고 변화

선견력이란 어떤 일이 일어나기 전에 미리 앞을 내다볼 수 있는 능력

을 말한다. 사회생활을 하다 보면 분명히 '앗! 지금 이건 아닌데….'라는 자신의 현 상태를 느낄 때가 있을 거다. 바로 그때 사람마다 '에이 잘 되겠지. 별일 있겠어. 아니면 말고' 등 바로 앞의 상황에만 관심을 둔다. 전략적 사고를 갖추면 선견력도 확장된다. 가정이나 직장에서도 마찬가지다. 어떤 문제가 발생하면 효과적으로 대응하고 그다음은 다가올 일에 대해 고민을 하는 것이다.

'앞으로 어떻게 될까? 내게 올 득실은 뭘까? 그럼 난 뭘 준비하고 뭘 대비하면 좋을까? 또 내가 뭘 갖춰야 원하는 걸 얻을 수 있을까?' 최소 이 5가지 정도는 고민해야 한다. 지금 거론한 5가지는 개인을 중심으로 말한 것이지만 기업이라면 좀 더 확장되어야 할 것이다. 급변하는 시대에 미래를 예측하기란 쉬운 일이 아니다. 하지만 '필작어세(必作於細)'라고 조금만 관심을 두고 보면 아주 작은 징조를 찾아낼 수 있다. 하루 10분만 꾸준히 고전을 읽고 사색하는 시간을 늘려본다면 분명히 조금씩 알게 될 것이라고 본다.

3. 문제 해결을 위한 전략적 사고 변화

"타고난 것이 아니라면 노력해 배우지 않으면 안 된다. 노력해 배우지 않으면 재능을 넓힐 수 없고 뜻을 세우지 않으면 배운 바를 성취할 수 없다." 바로 제갈량(諸葛亮)의 말이다. 인생을 살다 보면 누구나 크고 작은 문제에 부딪힌다. 문제는 직면한 문제점에 대한 현명한 대처와 해결 방안이다. 제갈량의 말처럼 타고난 문제 해결사란 없다. 나는 매일 아침 하루 10분 꾸준한 반복 독서를 통해 작은 변화를 시도한다. 바로 꾸준함으로 만드는 인내심과 집중력이다.

그 인내심의 성장으로 아침 독서 습관은 이제 완전히 자리를 잡았다. 그뿐만 아니라 독서 시간도 많이 늘어났다. 하루 10분으로 시작한 독서가 이제는 잠깐이라고 생각해도 30~40분은 훌쩍 넘어간다. 그 말은 집중력 또한 좋아졌다는 걸 의미한다. 이처럼 인내심과 집중력의 강화는 문제 해결 능력의 전략적 사고에도 도움이 많이 된다. 문제에 대한 최적의 대안 모색에는 최대의 인내심과 집중력이 필요하기 때문이다.

『삼국지』의 '적벽대전(赤壁大戰)' 중 제갈량(諸葛亮)의 지략을 엿볼 수 있는 '초선차전(草船借箭)'이란 말이 있다. 그 풀이를 보면 '지혜와 계략으로 남의 인력과 재력을 얻어낸다.'란 뜻이다. 제갈량(諸葛亮)은 4일의 기일 동안 3일을 술과 함께 즐기며 보낸다. 마지막 4일째가 되는 날 20~30척의 볏단을 실은 배를 몰고 나갔다가 10만 이상의 화살을 볏단에 꽂고 나타난다. 이 얼마나 멋진 신의 한 수인가. 전략적 사고의 정수를 보여주는 장면이다. 생각해보면 3일 동안 술을 마시며 최적의 대안을 모색하며 때를 기다린 것이고, 4일째 되는 날은 마지막 집중력을 발휘해 최적의 시간을 기다렸다가 출격하고 결국 최고의 목표를 달성하고 귀환한 것이라고 본다.

4. 상상력을 통한 전략적 사고 변화

고정된 관점에 사로잡혀 있으면 고정된 사고만 하게 되는 것이다. 반대로 상상력을 발휘하면 누구도 생각하지 못한 창의적인 사고가 만들어지는 것이다. 상상력 하면 생각나는 한 사람, 상상력의 아버지, 그리고 무한한 상상력으로 우리에게 꿈과 희망, 사랑과 지혜를 준 사람이 있다. 바로 동화작가 안데르센이다. 아마도 어린 시절 안데르센의 책을 접해보지 않은 사람은 아무도 없을 것이다.

나는 아직도 안데르센의 동화책을 기억한다. 눈시울을 적셨던 『성냥팔이 소녀』, 어리석은 임금님의 대명사 『벌거벗은 임금님』, 그 외 『나이팅게일』, 『미운아기오리』, 『엄지공주』 등 무수히 많다.

이처럼 안데르센의 상상력이 없었다면 우리는 그의 주옥같은 동화책을 통해 얻을 수 있는 교훈과 지혜를 만나지 못했을 것이다. 안데르센의 상상력은 그의 동화책 쓰기를 위한 전략적 사고의 자양분인 것이다. 아인슈타인은 "상상력은 지식보다 더 중요하다."라고 말했다. 나는 하루 10분 인문고전과 함께 사색하는 시간을 꼭 갖는다. 그때마다 미래의 불확실성에 대한 대비와 성공한 내 모습에 대한 상상력으로 전략적 사고의 즐거움을 만끽한다.

3장

인문고전,
독서전략이 필요하다

내가 알고 싶은 것은 모두 책에 있다.
내가 읽지 않은 책을 찾아 주는 사람이 바로 나의 가장 좋은 친구이다.

- 링컨 -

루틴으로
습관을 만들어라

천재 과학자 아인슈타인은 "진정한 독서는 훈련을 통해 몸을 강하게 하듯 연습을 통해 생각을 강하게 하는 것이다."라고 했다. 나는 매일 아침 하루 10분 인문고전 독서를 통해 정신을 깨우는 훈련을 하고 있다. 인문고전 읽기에는 능력의 차이가 필요 없다. 물론 한 번만 읽어도 머릿속에 그 내용이 고스란히 남고 이해하는 사람도 있다.

타고난 독서 천재들을 제외하면, 책 읽는 데 능력보다는 작은 습관만 있어도 된다고 본다. 그래서 시작한 것이 루틴으로 작은 습관을 만드는 거다. 특히 인문(학)이나 고전은 규칙적인 꾸준함과 끈기가 중요하다.

나는 매일 규칙적인 반복 활동으로 인문고전을 읽었다. 하루 동안도 아니고, 한 시간도 아닌 하루 10분으로 시작했다. 사실 처음에는 대단한 각오와 함께 고전 책, 사전, 필기구(연필과 노트) 등을 준비했다. 그리고 하루에 한 구절만 가볍게 해보자는 마음으로 시작했다. 하지만 사람 마음이 그게 아니다. 욕심이 생기면서 잘하겠다는 마음으로 책을 읽고, 필사도 하고, 한자 사전으로 검색도 하고, 한글 주석도 달고, 심지어 형광펜으로 체크해가면서 읽었다.

결국 3일 만에 바로 손들었다. 완전한 참패 그 자체였다. 그럼 왜 실패했을까? 바로 '머리는 준비가 되었지만, 몸이 아직 준비가 안 된 것이었다.' 한마디로 과유불급(過猶不及)이라고 욕심으로 의욕이 너무 앞선 거다.

뇌(腦)의 '신경가소성(Neuroplasticity)'에 대해 들어본 적이 있는가. 20세기 뇌 과학의 가장 위대한 발견 중 하나로 꼽히는 것이다. '신경가소성(Neuroplasticity)'은 뇌(腦)가 고정되어 있지 않고 끊임없이 변화한다는 것이다. 간단히 말해 신체 내외의 환경 변화와 자극으로 뇌(腦)가 적응하고, 반응하고, 또다시 변화한다는 것이다. 인간의 두뇌가 학습이나 기억 등에 의해서 신경세포나 뉴런들이 좀 더 자극을 받는다는 이유도 이 때문이다. 그래서 난 뇌(腦)를 활용해 매일 아침 규칙적인 정신 깨우기로 몸이 독서하는 습관으로 만들었다.

예를 들어 '아침에 일어나 무조건 물 한잔을 마신다. 책장에서 책 한 권을 집어 든다. 의자에 앉아 책을 펼친다. 그리고 책 읽는 10분 동안 절대 움직이지 않는다.'처럼 순서대로 꾸준히 하는 거다. 이런 규칙적인 습관들이 루틴이 되어 뇌(腦) 속에서 이런 행위에 대한 '신경 시냅스'가 만들어지는 것이다. 뇌 박사들의 말에 의하면 재미있게도 우리 뇌(腦)는 '재미있다, 기쁘다, 즐겁다'라고 느끼면 그 후부터는 노력과 상관없이 자기 스스로 그 일을 계속하게 만든다는 것이다.

공자 또한 이와 유사한 말을 했다.

"子曰, 知之者不如好之者, 好之者不如樂之者"
(자왈, 지지자불여호지자, 호지자불여락지자)

"공자가 말하길, 어떤 사실을 아는 사람은 그것을 좋아하는 사람만 못하고, 좋아하는 사람은 즐기는 사람만 못하다." 나는 매일 공자의 말을 기반으로 '하루 10분 새로운 것을 알게 되니 좋고, 좋으니 즐기자.'란 마음으로 다음 세 가지 규칙을 만들고 루틴화시켜봤다.

1. 매일 같은 시간에 책 읽기
2. 매일 소리 내서 읽기

3. 무슨 뜻인지 알고 있다는 마음으로 읽기

그렇게 시작한 고전 읽기를 위한 루틴 프로젝트는 시간이 지날수록 내 안에서 무언가 쌓이는 듯한 기분이 들게 해주었다. 그리고 한 권을 완독하면서 '하루 10분의 힘'을 머리와 가슴으로 느끼게 되었다. 아직도 그때의 짜릿함과 통쾌함은 잊지 못한다. 아니 평생 잊지 못할 것이다. 그냥 무언가 쌓이는 기분이 계속 축적되었고 그것이 진짜 알맹이로 바뀐 느낌이었다.

우리는 흔히 '사람은 쉽게 바뀌지 않는다. 특히 나이가 들수록 변화는 더 힘들어진다.'라고 말한다. 나는 이 말에 절대적으로 반대한다. 왜? 내가 하루 10분 루틴으로 습관을 만들고 바꿨기 때문이다.

『시경(詩經)』에는 '절차탁마(切磋琢磨)'란 말이 있다. 그 뜻을 살피면 '옥돌을 자르고 원하는 모양을 줄로 썰고, 끌로 쪼고, 마지막으로 갈고 빛을 내다.'라는 뜻이다. 한마디로 학문이나 인격을 수양하고 닦으라는 말이다. 그 유래를 살펴보면, 어느 날 언변과 재기가 뛰어난 자공(子貢)이 스승인 공자(孔子)에게 물었다. "선생님, 가난하더라도 남에게 아첨하지 않고, 부자가 되어도 교만하지 않은 사람이 있다면 어떤 사람입니까?" 공자가 말하길, "좋긴 하지만, 가난하면서도 도(道)를 즐기고 부자가 되어서도 예(禮)를 좋아하는 사람만은 못하니라."

자공(子貢)은 또 물었다. "『시경(詩經)』에 선명하고 아름다운 군자(君子)는 상아나 뼈를 잘라서 줄로 간 것 같고 또 옥이나 돌을 쪼아서 모래로 닦은 것처럼 빛나는 것 같다."라고 나와 있습니다. 선생님이 말씀해주신 "수양에 수양을 쌓아야 한다."라는 뜻입니까? 공자(孔子)는 이렇게 대답했다. "자공(子貢)아, 이제 너와 함께 『시경(詩經)』을 말할 수 있게 되었구나. 과거의 것을 알려주면 미래의 것을 안다고 했듯이, 너야말로 하나를 듣고 둘을 알 수 있는 인물(人物)이로다."

로마도 하루아침에 이루어지지 않았다. 인문고전을 읽는 습관도 하루아침에 이룰 수 없다. 사회학자 댄 챔블리스는 "최상급 기량은 사실 수십 개의 작은 습관으로 만들고, 전체 동작으로 종합해서 나온 결과물이다."라고 했다. 작은 루틴으로 변화와 성장을 시작하고, 꾸준함과 끈기로 집중하면 된다. 새로운 것을 배우고 익히는 모든 것에는 옥을 만드는 것처럼 절차와 순서가 있다. 과정은 무시하고 빠른 성과와 깨달음에만 생각이 치우치면 아무것도 할 수 없다.

보통 직장생활을 하는 20~30대는 조직 내 많은 경험을 하게 되는 연령대다. 그리고 그 경험 속에서 시행착오를 겪으면서 자연스럽게 성장해가는 것이다. 하지만 자기계발과 성찰을 통해 미리 준비된 사람이라면 얼마든지 시행착오를 줄일 수 있다고 본다. 나 역시 20~30대에 여러 가지 시행착오를 하면서 배우고 익히고 지내왔다. 그때를 생각하니 친하게 지냈던 동기의 일이 생각난다. 내성적인 성격을 가진 그 친구가 가장 힘들어했던 건 직장 내 인간관계와 저녁 회식문화였다.

과거 회식 자리에서 있었던 일이다. 그 친구는 술을 못 마시기에 언제나 회식 자리에 참석하는 것을 불편해했다. 그날도 역시나 힘들게 보내고 있었던 것 같다. 그리고 보니 그날따라 보스가 평소보다 많이 과음한 날이기도 했다. 걱정은 현실로 되고 보스는 2차를 불렀다. 그때 동기의 한마디 "죄송합니다. 제가 일이 있어 오늘은 그만 들어가겠습니다."라고 말한 것이다. 순간 분위기는 썰렁해지고 침묵만 흐르고 있었다. 일은 벌어졌고 다시 주워 담을 수도 없었다. 결론만 이야기한다면 보스의 마지막 말은 "ㄱ○○! 직장생활 그렇게 하면 안 되지… 뭐 믿는 구석이라도 있나?"

결국 회식은 동기의 희생 덕에 끝나게 됐다. 물론 간부들은 2차를 갔지만 우리는 덕분에 자유인이 되었다. 지금 생각하면 그 친구가 무슨 용기로 그랬는지 궁금하다. 그 당시 순간 임원들의 얼굴은 창백해지고 우리들은 눈치만 보고……. 했던 일들이 이제는 추억이 돼버렸다. 그때는 그런 시절이었다. 오늘날 그런 문화를 찾아보긴 어렵겠지만 그때 그 시절로 다시 돌아가라고 해도 갈 만큼 인정은 많았던 시절이다. 참, 다음 날

출근한 동기의 일은 상상에 맡기겠다.

그렇게 회사생활은 계속해서 이어졌고 또다시 회식 날이 돌아왔다. 그 날은 말 그대로 역사적인 날이었다. 술을 못 먹는 동기가 '저도 한잔 주세요.'라고 말했으니 다들 놀라 그 친구만 빤히 쳐다보는 거였다. 그때 그 친구가 한 말이 "직장생활 잘하려고 연습했습니다."였다. 그렇게 3~4잔의 술을 받아 마실 때 옆에 있던 선배가 한 말이 아직도 귀에 선하다. "고생했다. 그래도 무리하지 마라." 그날 이후 회식 자리에 가도 사람들은 그 친구에게 술을 억지로 권하지 않는다.

지금 생각해보면 그 친구가 노력해서 보여줬던 모습이 안타까워서인지, 아니면 독한 놈이라고 생각했는지는 모르겠지만 안 되면 되게 하라는 걸 알게 된 사건이었다. 그래서 생각해보니 그 친구가 바로 루틴으로 습관을 만들었던 거다. 내가 당시 동기에게 "무슨 일이 있었던 거야?"라고 물었을 때 동기는 매일 같이 퇴근하고 집에 가면 식사 후 소주 한 잔씩 마셨고 그렇게 한두 달이 지나면서 두 잔, 세 잔으로 늘려갔다고 말했다. 대략 3개월을 연습했다고 했던 것 같다. 루틴으로 습관 만들기는 이미 예전부터 있었던 게 맞다. 단지 용어가 낯설 뿐이다. 그때를 생각하며 나는 항상 안 되면 루틴으로 습관을 만들라고 말한다.

02

쪽지나 메모를
활용해라

주자의 『장횡거찬(張橫渠贊)』에는 '정사역천, 묘계질서(精思力踐, 妙契疾書)'란 말이 나온다. 즉 '생각을 정밀하게 하고 실천에 힘쓰며, 깨달음이 있으면 재빨리 썼다.'란 뜻이다. 여기서 뒤 구절만 보면 '묘계'는 한자의 뜻풀이로 번쩍 떠오른 깨달음을 말하고, '질서'는 빨리 쓴다는 말이다. 즉 '생활하는 곳곳에 붓과 벼루를 놓아두고 자다가도 생각이 떠오르면 곧장 촛불을 켜고 그것을 적는다.'는 뜻이다.

앞서 언급했듯이, 내가 처음 고전을 접할 때 들인 작은 습관 중의 하나가 쪽지와 메모다. 난 새 책에 글씨를 쓰거나 접는 것을 아주 싫어한다.

사실 처음부터 싫어했던 것은 아니다. 중학교 때 일이다. 나름대로 공부 좀 해보겠다고 수업 중에 선생님께서 말씀하시면 교과서에 밑줄 긋기와 메모하기를 정말 잘했다. 그런데 어느 날 선생님께서 교과서 검사를 하신 거다. 당시에는 책이 귀했고, 잃어버리면 다시 받기 힘들 때였다.

결론만 말하면 다른 친구들 책에 비하면 내 책은 난리도 아니었다. 특히 책 속을 보면 온통 밑줄과 동그라미였다. 지금 생각해보면 내용은 좋은데 글씨가 엉망이라 낙서를 했다고 생각하신 것 같다. 결국 오해 아닌 오해로 책을 소중히 다루지 않는다고 꾸지람을 들었다. 창피하기도 했지만 그때의 기억이 내게는 트라우마가 된 것 같다. 그 이후 내게 있어 책은 또 다른 나의 스승이라고 생각하고 절대로 글쓰기를 하면 안 되고 구겨지거나 찢어지면 큰일 나는 사건이 되는 거다.

그렇게 첫 습관이 무섭다고 지금까지도 책을 아낀다. 하지만, 가끔은 이제 책에 직접 쪽지도 메모도 하면서 읽는다. 그래도 쪽지와 메모를 어릴 적부터 했으니 결과적으로 보면 잘된 것일지도 모른다.

전략적 독서를 위한 나만의 6가지 쪽지와 메모 활용 방법이다.

1. 밑줄 긋기부터 시작하라.

2. 나만의 표기법을 만들어라.

3. 간단한 것은 쪽지를 활용해라.

4. 발췌하고 요약할 내용은 메모지를 활용해라.

5. 모든 쪽지와 메모를 한군데에 모아두어라.

6. 노트 쓰기로 확장시켜라.

책을 읽다 보면 '아! 분명히 앞에 있었던 말인데….' 혹은 책을 완독했음에도 불구하고 별로 머릿속에 기억나는 게 없을 때가 있을 것이다. 그것은 책을 읽는 방법에 문제가 있을 수 있다. 하지만 최소한 메모의 습관만 있어도 완전히 공치는 책 읽기는 아닐 것이다.

특히 고전은 고어와 같은 어려운 어휘 그리고 사자성어가 많이 나온다. 또 문학이나 시, 소설에는 주옥같은 명대사나 명언 그리고 철학적 문구들을 많이 만날 수 있다. 따라서 어떻게 보면 메모하는 습관은 필수일지도 모른다.

다음 6가지 쪽지나 메모 활용법을 살펴보자.

1. 참고해야 할 문구에 밑줄부터 긋는다. 책을 읽다가 참고해야 할 어휘나 문구는 밑줄을 긋고 간단히 메모만 하고 넘어간다.(예: 사전 찾기,

인터넷 확인 등) 굳이 찾아서 보고 확인하고 간다면 책 읽는 맥락이
끊긴다.

2. 메모는 나만의 표기법으로 한다.(예;∨, ↑ 등) 처음에는 글로 썼지
만 앞서 말한 대로 책 읽는 흐름을 끊지 않기 위해 기호로 바꿨다.
예의 앞 '∨'는 사전이나 인터넷 확인이고 뒤 '↑'는 상위 정보 찾기
다.

3. 내가 말하는 간단한 쪽지는 가로×세로(7.5×7.5) 센티미터 기준이
다.(예: 사자성어의 동의어, 짧은 명언) 그리고 해당 페이지에 붙여
놓는다. 처음에는 따로 놓았는데 한 번 잃어버린 후부터는 책 속에
서 모든 걸 해결한다.

4. 내 기준에 발췌용이 메모지다. 가로×세로(13×7.5) 센티미터
(예: 사자성어보다는 한자 전문 10자 이상, 좀 긴 명대사나 명언)

5. 3번에서 말했듯 모두 책에 붙여둔다. 그리고 책을 완독한 후 정리하
면서 한군데에 모아둔다. 중간중간에 혹은 처음부터 메모하고 다른
곳에 모아두면 다시 잊어먹기 때문에 헛수고이다.

6. 다 모은 쪽지나 메모는 다시 시간을 내서 노트에 다시 정리한다. 사실 이렇게 하면 정말 남는 게 많고 나중에 다시 확인하기도 좋다. 하지만 단점은 시간이 좀 걸리고 솔직히 번거로운 작업이 맞다.

다산 정약용의 독서법을 살펴보면 다산은 언제나 책을 읽을 때면 여백에 메모했다고 한다. 그리고 위에서 언급한 묘계질서(妙契疾書)도 역시 빠짐없이 했다. 또 다산은 초서법도 활용했다. 초서란 책을 읽다가 중요한 구절이나 꼭 기억해야 할 문장이 나오면 바로 발췌하여 옮겨 적는 것을 말한다. 다산은 이렇게 초서를 통해 모은 메모나 질서를 가지고 책을 쓸 때 생각의 자료로 활용했다고 한다.

사실 이런 초서법은 내가 위에서 쪽지나 메모를 활용하고 마지막 노트 쓰기로 확장하는 것까지 거의 비슷한 방식이다. 그런데 생각해보면 요즘은 책 읽는 사람들이 많아졌다. 따라서 독서자마다 자기만의 방식이 있으리라 짐작한다.

위에서 언급한 6가지 쪽지와 메모 활용법은 순수 개인적인 방식이다. 하지만 이 방식이 대중적이기에 이미 독서자들이 알고 있는 방식과 유사할 수도 있다. 여기서 중요한 건 각자의 방식이 비슷하다거나 같거나가 아니라 책을 읽을 때 이러한 쪽지나 메모하는 습관을 활용해야 한다는 것이다.

일부 독서자들은 책 읽는 흐름과 맥락이 끊기는 걸 싫어하는 사람도 있다. 그리고 그들 대부분은 '무슨 책을 보면서 쪽지나 메모하고 심지어 노트 쓰기까지 하지?'라고 생각할 수도 있다. 틀린 말은 아니다. 그리고 "머릿속에 기억하고 생각하면 돼."라고 말할지 모르겠다. 그런데 우리는 기억의 망각을 잊어서는 안 된다.

기억은 우리 뇌의 저장소에서 그 정보를 다시 꺼내는 거다. 하지만 우리가 언제나 저장소에서 계속 꺼낼 수 있는 것이 아니다. 그래서 우리는 더이상 저장소에서 정보를 꺼낼 수 없을 때 이를 두고 '망각'했다고 한다.

인문고전을 보면서 우리가 질서하고 정리한 소중한 정보를 우리 뇌에서 꺼낸다고 생각해보자. 그리고 꺼낸 정보를 다시 반복해서 생각하고. 말해지고. 전달된다면 우리는 조금씩 그 의미를 깨닫고 지식에서 지혜로 승화되는 것이다. 옛말에 '기억을 지배하는 것은 기록이다.'란 말이 있다. 아마 카메라를 좋아하는 사람이라면 많이 들어본 카피 문구일 것이다. 역으로 '기록은 기억을 지배한다.'라고 말하기도 한다.

쪽지나 메모 활용하기에 대한 한 가지 나만의 방법 중 팁이 있다. 그건 책을 읽으면서 마음에 와닿았던 어휘나 문구를 가지고 나만의 생각과 느

낌을 적어놓는 것이다. 처음에는 그 내용이 빈약할 수 있다. 하지만 시간
이 지날수록 기록의 횟수가 늘수록 확실히 문장력이 좋아짐을 느낄 것이
다. 혹시 누가 알겠는가? 높아진 문장력으로 작가의 길로 갈지. 나 역시
처음부터 작가가 되겠다고 생각해본 적은 없다. 하지만 지금 이렇게 작
가가 된 걸 보면 밑줄 긋기가 초석이 된 건 분명하다고 본다.

03

무조건
반복해서 읽어라

"책은 정신 차려 셀 수 없이 반복해 읽어야 한다. 한두 번 읽고 그 뜻을 대략 깨닫고 덮는다면, 몸에 충분히 밸 수 없다. 또한 마음에도 간직할 수 없다. 알고 난 뒤에도 몸에 배도록 더 깊이 공부해야만 비로소 마음에 오래 지닐 수 있게 된다. 그런 뒤에야 학문의 참된 의미를 경험하여 마음에서 기쁜 맛을 느낄 수 있다." 바로 퇴계 이황(退溪 李滉)의 반복을 강조한 책 읽기 정신이다.

우리는 막상 책을 읽으려고 하면 떠오는 생각이 있다. '어떤 책을, 어떤 방법으로, 어떻게 읽을까?'부터 출발한다. '거두절미(去頭截尾)'하고 한마디로 말하면 퇴계(退溪)의 말처럼 반복해서 읽으라고 말하고 싶다. 옛 성현들이 책을 읽었던 방법도 바로 반복 읽기다. 그렇다 보니 선비들에게 없어서는 안 되는 필수용품이 있었는데 그것이 바로 서산(書算)이다. 보통 서수(書數)라고 불리기도 한 이 물건은 책을 읽을 때 그 횟수를 세기 위해 만들어진 것이다. 서산(書算)은 종이 두 겹을 맞대어 긴 젓가락 봉투처럼 만들어졌다. 그리고 그 모양이 예뻐서 책갈피로 쓰이기도 했다.

퇴계(退溪)의 독서법을 좀 더 보면 책을 읽을 때 너무 훑어보며 거쳐가듯 읽는 '역람(歷覽)'은 하지 말라고 한다. 세상에 무엇이든 대충대충해서 얻을 수 있는 것은 없다. 또 하나 경계해야 할 것은 '졸독(卒讀)'이다. 말 그대로 책을 매우 급히 읽는 것을 말한다. 이처럼 '역람(歷覽)'과 '졸독(卒讀)'으로 하는 독서는 절대적으로 피해야 한다. 왜냐하면 이러한 독서법은 그 책 속의 의미를 제대로 알 수 없을 뿐만 아니라 시간만 낭비하게 되는 것이다. 그래서 퇴계(退溪)는 "다만 책 한 권이라도 제대로 읽고 이해하는 것이 중요하다."라고 말한다.

그래서 옛 선비들은 '책을 몇 권 읽었어?'가 중요하지 않다. 그들에게 중요한 건 몇 번을 읽었건 책 속의 의미를 제대로 이해했느냐, 하지 못했느냐이다. 정조(正祖)는 『주자』의 "맹자가 내 안에 들어앉게 하려면 수백 수천 번 읽으면 된다. 그러면 저절로 깨달음을 얻을 수 있다."라고 한다.

즉 책 속의 의미를 깨닫기 위해서라면 횟수에 구애받지 않고 반복해서 읽어야 한다는 것이다.

지봉 이수광(芝峯 李睟光)도 같은 말을 하고 있다. "성인들의 글이 적힌 책을 반복해서 읽고서야 비로소 도(道)의 근원을 파악했고, 마음의 깨달음을 얻을 수 있었다." 이처럼 옛 선비들은 세상을 바라보는 안목과 통찰력 그리고 책 속의 무한한 진리를 깨닫기 위해선 재독(再讀)을 해야 한다고 말한다.

사실, 책을 많이 읽는 '다독(多讀)'이 나쁜 것만은 아니다. 단지 제대로 많이 읽으라고 말하는 것이다. 나 역시 아직 천 권의 책은 읽지 못했다. 하지만 꼭 넘을 계획이다. 그렇다고 대단하다고 생각한 적은 한 번도 없다. 왜? 누구나 할 수 있는 일이기 때문이다. 책을 좋아하고 '다독(多讀)'하다 보면 어느 순간 권수가 늘어난다. 그리고 자연스럽게 자신만의 독서법도 생긴다. 그것만이 아니다. 책 속의 의미를 파악하고 이해하는 속도 역시 빨라진다. 한마디로 내공이 생기는 거다. 그렇게 내공이 생기면 전문가들 못지않게 효과적인 독서를 할 수 있게 된다.

율곡 이이(栗谷 李珥)는, 한 해에만 『논어』, 『중용』, 『대학』, 『맹자』를 각기 아홉 번씩 반복해서 읽고도 또 『시경』을 읽었다. 그럼 무조건 반복하라고 하지만 어떻게 반복 독서를 하면 좋을까? 다음은 내가 고전 책을 읽으면서 하나씩 만들어간 반복 독서 방식이다. 그렇다고 특별한 것은 아니다. 분명 독서를 많이 한 독서자라면 잘 알고 또 '어! 나하고 비슷한데.'라고 말할지도 모른다. 하지만 중요한 건 알고 모르고도 아니고 같고 다르고도 아니다. 반복 독서를 했느냐 안 했느냐의 몫이다.

전략적 독서를 위한 나만의 5가지 반복 독서 방법이다.

1. 밑줄과 표기를 활용하라.
2. 쪽지와 메모를 활용하라.
3. 문장의 핵심을 찾는 연습을 하라.
4. 중요한 정보와 상위정보를 확인하라.
5. 최소 세 번 반복한다.

사실 습관을 형성하는 데 반복만큼 좋은 건 없다. 독서, 책 읽기도 꾸준함과 끈기의 힘이 중요하다. 재독(再讀)을 위해 반복하는 작은 습관만 들이면 충분하다.

다음 5가지 반복 독서법을 하나씩 살펴보자.

1. 밑줄과 표기는 내가 1독 할 때 이미 참고해야 할 내용(어휘와 문구)들이라고 표시한 부분이다. 책의 구성이 큰 장별로 되어 있다면 한 장이 끝날 때마다 다시 읽는다. 즉 1장을 완독했으면 2장으로 들어가기 전에 내가 표시한 밑줄과 표기를 다시 한번 읽고 필요한 정보를 찾아 확인한 후에 다음 장으로 넘어간다. 만일 책의 장 구성이 없다면 이야기 전개에 따라 나누면 된다. 장점은 바로 재독(再讀), 기억이 생생할 때 확인할 수 있어서 좋다.

2. 쪽지와 메모는 1독을 하면서 해놓았던 부분을 다시 한번 읽는 거다. 주의할 점은 쪽지와 메모가 이해가 안 되면 관련된 내용을 꼭 한 번 훑어봐야 한다. 장점은 내가 작성한 메모를 바로 검토할 수 있어서 좋다. 다시 보면 분명히 이상하게 쓴 메모도 있을 것이다. 만약 책 한 권을 끝내고 본다고 생각해봐라. 그때는 기억의 망각(忘却)을 경험하게 될 것이다.

3. 문장의 핵심은 정말 중요하다. 특히 고전은 옛 어구들이 많기에 핵심 어휘나 구절을 잘 파악해서 읽는 연습을 하면 좋다. 그래야 나중에 반복해서 읽을 때 그 부분이 바로 눈에 들어와서 쉽게 확인하고 넘어갈 수 있다. 장점은 고급 어휘나 주옥같은 표현을 많이 쓸 수 있다.

4. 중요한 정보나 상위정보는 내가 제일 좋아하는 활용법이다. 처음에 고전을 섭했을 때 정말 모든 정보가 내게는 보물처럼 보였다. 그리고 그 보물의 출전이나 참고문헌을 보면 가슴이 떨렸던 기억이 아직도 생생하다. 사실 지금도 그렇다. '아~ 또 다른 보물이 그곳에 있구나!' 딱 이런 마음이다. 그래서 언제나 반복해서 읽을 때 별도로 노트하기도 한다. 장점은 정보 확장, 독서 확장으로 외연 확대가 가능하다.

5. 내가 말하는 최소 세 번 반복은 조금 다르다. 위 1~4번까지의 독서법을 반복하는 것도 나는 1독으로 본다. 다시 정리하면,

 – 처음 1독은 처음부터 끝까지 읽기
 – 2독은 1독을 하면서 장별로 혹은 전개별로 나누어 반복해서 읽기
 – 3독은 최소한 3일 이전에 다시 한번 전체 읽기

　장점은 책 한 권을 읽었을 뿐인데 배부르다는 느낌을 얻을 것이다. 주의할 점은 최소 3일 이전에 다시 읽어야 한다. 헤르만 에빙하우스의 '망각의 곡선'을 떠올리면 쉽게 이해가 될 것이다.

* 참고: 편의상 책 읽은 회수가 한 번이면 1독, 두 번은 2독, 세 번은 3독으로 표기했다.

에빙하우스의 망각곡선은 시간이 지날수록 기억력이 감퇴되는 것을 말한다. 보통 망각의 곡선을 보면 10분이 지난 뒤부터 시작된다고 한다. 또 하루만 지나도 70% 이상 잊어버린다고 한다. 그나마 다행인 것은 5~6일이 지나면 일정한 선에서 안정된다고 한다. 하지만 잊어버리고 안정화되면 소용없지 않은가. 그래서 가능하면 3일 이전에 3독 하는 것을 추천한다.

나는 처음에 너무 착하게 반복 독서를 했다. 말 그대로 반복만 했다. 어떻게? 처음부터 끝까지 한 번 읽고 또다시 두 번째 읽기에 바로 돌입한 거다. 참 착하기도 하지. 어떻게 그렇게 했는지 모르겠다. 그래도 주워들은 것이 있어 3일째 되는 날에 두 번째 읽기를 시작했다. 하지만, 특별히 기술이나 전략도 없이 읽다 보니 어찌나 지루한지 읽는 동안 내내 딴짓만 하다가 책을 덮었다.

그런데 그보다 더 심각한 것은 반복 독서라는 이유로 어느 순간 '역람(歷覽)'을 하고 있었던 거다. 그래서 이렇게 해봐야 시간 낭비라고 생각하고 차라리 다른 책을 보자는 결론을 내렸다. 그렇게 첫 번째 반복 독서는 정보 없이 시작해서 보기 좋게 참패했다. 그 뒤 반복 독서보다는 '다독(多讀)'에 빠져 정말 무진장 읽었던 것 같다. 그러던 중 공자의 '위편삼절(韋編三絶)'이 다르게 해석된 날이 있었다. 내용을 보면, '공자는 주역의 이치를 깨닫기 위해 죽간을 묶은 가죽끈이 세 번이나 떨어질 때까지 읽었다.'는 구절이 나온다.

사실 이 구절을 볼 때마다 어떻게 가죽끈을 세 번이나 끊을 때까지 볼 수 있을까? 라고 생각한 적이 많다. 나는 단순히 '공자의 피나는 노력, 독서에 힘쓴다, 학문에 힘쓴다,' 혹은 '아이들에게 공부에 집중하는 자세나 열정을 말할 때' 이 구절을 활용했었다. 그런데 그날은 '역시 공자, 얼마나 많이 반복해서 읽었으면 가죽끈이 떨어지지….'라고 하면서 '반복'이란 단어가 마음에 와닿았다.

순간 잊었던 1년 전의 반복 독서가 생각났다. 그리고 심기일전(心機一轉)하여 다시 한번 시도해보기로 했다. 그래도 한번 시행착오를 겪었다고 제법 준비도 하고 전략을 짜서 시작했다. 결과는 만족이었다. 확실히 독서 습관의 질이 좋아졌고 내용에 대한 이해도 또한 높아졌다. 그렇게 많이 공부한 공자도 "내가 몇 년 더 살 수 있다면『주역』의 내용을 완벽히 장악할 수 있을 텐데(假我數年, 若是, 我于『易』則彬彬矣; 가아수년, 약시, 아우『역』칙빈빈의)"라며 아쉬워했다고 한다.

나는 지금도 주기적으로 반복 독서를 하고 있다. 하지만 모든 책을 반복 독서하는 건 아니다. 내가 좋아하고 읽고 싶은 책을 선별해서 반복 독서를 한다. 천재들의 독서법을 보더라도 반복 독서는 으뜸 중의 으뜸이라고 본다. 다음은 반복해서 읽어야 한다고 강조한 위인들의 말이다. 끝까지 읽어보면서 반복 독서의 열정을 살려보기 바란다.

세종대왕은 『구소수간(歐蘇手簡)』을 천백 번 반복해서 읽었다. 아이작 뉴턴은 유클리드의 『기하학』과 데카르트의 『방법서설』의 각각의 구절들을 이해가 될 때까지 여러 번 반복해서 읽었다. 정조는 『주자절요』를 읽을 때 수십 번 반복해서 읽었다. 서애 류성룡은 『맹자』를 몇 달 동안 스무 번 넘게 읽었고 마침내 전부 외워버렸다. 우암 송시열은 맹자를 1천 번 넘게 읽었고 앞부분은 수천 번 읽었다. 고봉 기대승은 『고문진보』를 수백 번 읽었고 마침내 전부 외워버렸다. 천재 작곡가 바그너는 1천 페이지가 넘는 쇼펜하우어의 『의지와 표상으로서의 세계』를 그 책을 만난 첫해에만 네 번 읽었다. 그 뒤로 평생 반복해서 결국 전부 외워버렸다. 안정복은 『두율』이란 책을 1만 3천 번 보았다. 헤겔의 인문고전(플라톤과 소포클레스 같은 고대 그리스 사상가들과 루소, 칸트 등) 독서법도 반복 독서였다.

04

계획하고 읽으면
완독은 시간문제다

한 번은 두껍고 어려운 책을 읽어보길 바란다. 그리고 절대로 분량에 겁먹어서도 안 된다. 가슴 한쪽에 이 말을 새겨두면서 읽어도 좋다. "수고와 노력은 절대 배신하지 않는 법이다." 용감하게 한 권 선택해서 너 죽고 나 살자고 하면서 읽어보길 적극적으로 권장한다. 하루 10분만 투자하고 다음 세 가지만 기억하자.

"계획하고, 읽고, 완독하자."

내가 처음으로 '책이 두껍다. 분량이 있다. 무게가 있다.'라고 생각한 책이 헤로도토스의 『역사』다. 정확하진 않지만 7~8년 전 이야기다. 동양고전의 재미와 함께 서양고전에도 도전해보자는 마음으로 이미 읽었던 호메로스의 『일리아스』와 『오디세이아』를 다시 재독했다. 그리고 용기를 얻어 첫 번째로 도전한 책이 바로 헤로도토스의 『역사』다. 이 도서는 쪽수 994의 양장본(洋裝本)으로 된 정말 묵직한 책이다. 설레는 마음으로 시작한 두꺼운 책 도전기, 결론만 말하면 어설픈 성공이다.

하지만 좀 더 솔직히 말하면 무승부 정도가 되겠다. 워낙 읽고 싶었던 책이기에 출발은 좋았는데 시간이 지날수록 독서 시간의 배분과 분량의 배분에 대한 무계획으로 벽에 부딪히기 시작했다. 분량이 많다는 것을 잊고 조금씩 평소대로 읽고 있었다. 그리고 또 하나 난 책을 절대로 한 권씩 읽지 않는다. 보통 두 권 혹은 세 권도 같이 볼 때가 많다.(이 부분에 대해서는 따로 나중에 거론하도록 하겠다.)

어느 날 제법 읽었다고 생각했지만 진도가 생각보다는 나가지 않았다. 책의 분량도 분량이지만 무언가 잘못됐다는 생각이 들었다. 그리고 동시에 읽은 책은 벌써 끝난 상태였다. 나는 몇 날을 고민하다가 전략을 바꾸기로 했다.

내가 두꺼운 책을 처음 접하고 경험하는 것이기 때문에 두 번째 전략

은 '그래, 이쪽에 시간을 더 투자해야겠다.'라고 생각했다. 언뜻 보면 그
럴싸했지만 결과는 참패였다. 왜? 무작정 시간을 준다고 되는 게 아니었
다. 그때 배운 독서법이 바로 계획 독서다.

분량이 나가는 책들은 자세히 보면 그 구성이 대략 300페이지를 기준
으로 볼 때 한 권의 책 속에 두 권 ~ 세 권 정도 분량이 있다고 보면 된
다. 조금 더 두꺼운 책은 네 권까지 보면 된다. 따라서 우선 '이 책은 모양
만 한 권이지, 사실은 세 권 혹은 네 권이 합쳐진 책이다.'라고 나부터 의
식을 바꿔야 한다.

나는 그렇게 의식을 전환하고 난 후, 책의 분량을 재분배했다. 그리고
매일 같은 시간에 읽는 루틴 습관과 3독 반복 읽기도 함께 했다. 1주일을
꾸준히 했더니 그제야 책을 읽는 것 같았고 즐길 수 있게 되었다.

지금은 웃지만 한마디로 멋도 모르고 덤빈 꼴이었다. 지금은 어떤 두
꺼운 책을 선택해도 부담이 없다. 또한 어떤 책이든 읽기 전에 책의 구성
과 분량을 체크하고 습관적으로 독서 계획을 짠다. 다음은 내가 지금껏
책을 읽으면서 적용하고 있는 독서 계획이다.

전략적 독서를 위한 나만의 5가지 완독 계획 방법이다.

1. 시간 배분의 첫 타임은 항상 같은 시간에 읽어라.

2. 책의 난이도에 따라 분량을 배분하고 3독 중 2독의 힘을 빌려라.

3. 자투리 시간은 보너스라고 생각하고 반복 독서를 해라.

4. 시간 배분의 마지막 타임도 가능하면 같은 시간대를 유지하라.

5. 최소 3일은 무슨 일이 있어도 계획을 지켜야 한다.

사람마다 책을 읽는 습관과 방법은 다르다. 하지만 내게 조금이라도 도움이 되는 습관과 방법이 있다면 주저하지 말고 받아들여 내 것으로 만들어야 한다.

'도스토옙스키'는 "습관이란 인간으로 하여금 어떤 일이든지 하게 만든다."라고 했다. 책 읽기를 좋아하고 좀 더 효율적으로 읽기를 바란다면 한번 시도해보기 바란다.

다음 5가지 독서 계획법을 살펴보자.

1. 첫 타임은 바로 아침의 시작이라고 보면 된다. 나는 아침에 일어나면 항상 물 한 잔만 마시고 아침 독서를 한다. 나는 모두가 잠자리에서 아직 깨어나지 않은 이 새벽 시간이 너무 좋다. 이때는 일정한 시간을 내게 제공해준다. 그래서 계획한 만큼의 일정량을 읽을 수 있

다. 만일 새벽 시간을 만들 수 없다면 출근길 대중교통(지하철, 버스) 혹은 조기 출근하는 방법도 있다. 중요한 건 일정 시간을 확보하고 일정량을 꾸준히 읽으면 된다.

2. 앞에서 잠시 언급했듯이 책의 난이도와 분량에 따라 내가 지킬 수 있는 만큼만 배분해야 한다. 지키지도 못하는 배분은 의미가 없다. 조금 아쉽더라도 여유 있게 배분해야 한다. 그래야 지킬 수 있다. 한 번 지키고 얻는 성취감의 힘을 무시해서는 안 된다. 왜? 우리 뇌가 기억하기 때문이다. 그래서 반복적인 성공의 성취감을 느끼게 해주는 것이 중요하다.

3. 나는 자투리 시간은 보너스라고 생각하고 항상 반복 독서를 한다. 가장 쉽게 만들 수 있는 시간이 점심시간이다. 조금 일찍 점심을 먹으면 약 30분 정도의 일정분을 얻을 수 있다. 그렇게 자투리 시간에 2독의 힘을 빌리면 미리 반복하고 확인할 수 있기에 확실히 책 읽는 속도가 빨라진다. 그런데 긴 자투리 시간도 있다. 퇴근 후 오후 약속이 취소되거나 날씨로 인해 개인 레져(운동) 활동이 취소될 경우가 그렇다. 그럴 때는 고민하지 말고 이어서 책을 읽는다.

4. 말 그대로 마지막 타임은 잠자기 전을 말한다. 사람에 따라 잠자는

시간도 다르다. 그렇기에 자기에게 맞는 시간을 따로 정해서 일정한 시간을 확보해야 한다. 잠자기 전에 개인 취미 활동을 하는 게 있다면 그 전/후 시간을 잘 파악해서 잡아야 한다. 나 역시 무조건 잠자기 전 1시간 독서 시간을 따로 갖는다. 저녁 시간은 상황에 따라 유동성을 항상 생각하고 있어야 한다.

5. 무슨 일을 계획하든지 최소 3일은 유지해야 한다. 그래야 우리 뇌와 몸이 기억한다. 우리 뇌는 세 번 반복된 일에 대해서는 확실히 또 다른 시냅스를 만든다고 한다. 한마디로 내 몸에 하나의 패턴을 기록하고 기억하는 것이다. 데일 카네기는 다음과 같이 말했다. "얼핏 보기에 작은 일이라도 전력으로 임해야 한다는 사실을 잊지 마라. 작은 일을 성취할 때마다 인간은 성장한다. 작은 일을 하나씩 정확하게 처리하면 큰일은 저절로 따라오는 법이다."

성공한 사람들에 대한 수식어는 다양하다. 그런데 가만히 보면 공통점이 '독서광이다.' '시간을 잘 다룬다.' '좋은 습관을 만든다.' 등처럼 우리에게 익숙한 말들이다. 나는 성공한 사람과 그렇지 못한 사람의 차이를 훈련으로 본다. 성공하고 싶다면 훈련을 잘해야 한다. 훈련을 잘하기 위해선 좋아하고 즐길 줄 알아야 한다.

나 역시 인문고전 하루 10분 독서로 훈련하면서 출발한 사람이다. 미국의 철학사이자 교육자인 듀이는 "독서는 일종의 탐험이어서 신대륙(新大陸)을 탐험하고 미개지(未開地)를 개척하는 것과 같다."라고 말했다.

책의 두께와 상관없이 모든 책을 읽을 때마다 시간과 분량을 잘 배분해서 신대륙을 탐험하듯이 미개지를 개척하듯 지혜를 얻고 새로운 세상을 바라보는 힘을 갖길 바란다.

05

필사는 최고의
전략이고 기술이다

필사(筆寫)가 독서와 학문에 최고의 전략이자 기술이라는 것을 몸소 실천해주신 분이 있다. 바로 '백독백습(百讀百習)'의 주인공 세종대왕이다. 조선의 왕 중에서도 특히 책 읽기를 좋아했던 왕이다. 세종은 당대 인문고전을 수백 번씩 읽고 또 수백 번씩 필사(筆寫)했다고 한다. 말 그대로 '백 번 읽고 백 번 필사'다. 세종은 항상 책을 가까이하면서 한 권을 읽을 때마다 한 번씩 필사(筆寫)했다고 하니, 의지와 집념 그리고 한계를 초월한 독서가가 아닌가 싶다.

개인적으로 인문고전은 필사(筆寫)하기에 아주 좋은 책이라고 생각한다. 물론 필사(筆寫)는 장르와 관계없다. 그리고 내가 좋아하는 책을 선정해서 필사(筆寫)했을 때가 가장 효과가 높다. 조선의 성군 세종의 '백독백습(百讀百習)'은 아니지만 한 권의 책을 정확히 바르게 필사(筆寫)하는 법을 몸으로 체득한다면 장담컨대 세상을 바라보는 올바른 식견과 통찰력을 갖추는 데 많은 도움이 될 것이다.

내가 처음 필사(筆寫)의 필요성을 느꼈던 것은 처음 인문고전을 접하면서부터이다. 난해한 어휘들과 옛 문구들이 낯설기도 했고 또 하나의 걸림돌은 수많은 한자였다. 그렇다 보니 읽으면서 공부하지 않으면 이해하기 힘들겠다고 생각했다. 지금 생각해보면 정말 무식하게 필사(筆寫)를 했던 것 같다. 뜻을 해석하면 '베껴 쓰다'라고 나온다. 즉 처음부터 끝까지 『논어』의 구절, 성어, 전문 그리고 한자와 설명까지 전부 필사(筆寫)했다. 꼬박 1주일을 하고 난 후 두 손 두 발 다 들었다. 그때 머릿속에 떠오른 딱 한 사람 조선의 성군 세종이었다.

'도대체 어떻게 하신 거야.' 하고 고민에 빠지기 시작했다. 나는 필사와 관련된 여러 가지 정보를 수집하고 나만의 필사법을 만들기로 했다. 그리고 나름 몇 가지 방법을 찾아 정리하는 중에 내가 실패한 원인을 찾았다. 바로 중용(中庸)의 중요성, 즉 공자가 말한 '과유불급(過猶不及)'이었다. 처음부터 초짜가 욕심이 과했던 거다. 그래서 나는 『논어』의 주요 구절만 순차적으로 한자와 뜻 그리고 해설 순서로 전략을 바꿨다.

다음은 내가 처음으로 필사한 '과유불급(過猶不及)'의 '예'이다.

② 子貢問, '師'與'商'也孰賢 (자공문, '사'여'상'야숙현)

: 자공이 (스승께) 말씀드리기를, '사'(자장)과 '상'(자하) 중 누가
더 유능합니까?

③ 子曰, '師'也過 '商'也不及 (자왈, '사'야과 '상'야불급)

: 공자가 말하길, '사'는 지나치고(초과하고), '상'은 미치지(이르
지) 못하느니라.

④ 子貢曰, 然則師愈與 (자공왈, 연즉'사'유여)

: 자공이 말씀드리기를, 그럼 '사'가 더 낫습니까?

① 子曰, 過猶不及 (자왈, 과유불급)

: 공자가 말하길, 지나친 것은 미치지 못하는 것과 같다.

위의 '예'처럼 우리가 일상 대화에 활용하는 주요 성어(①)를 먼저 하
고, 다음으로 전문 중 질의응답(②, ③) 부분을 한다. 마지막으로 전문의

나머지(④)를 한다. 이렇게 순차적으로 내가 소화할 수 있는 만큼 필사를 했다. 여기서 중요한 팁이 있다. 그것은 반복 독서의 3독 활용하기다. 즉 1독 필사 때는 부담 없이 (①)만 한다. 2독 필사 때는 (②, ③), 그리고 마지막 3독 때 나머지 (④)를 한다. 그럼 하루 10분 고전 읽기 기적의 필사를 체득하는 것이다.

전략적 독서를 위한 나만의 5가지 필사 방법이다.

1. 핵심 문구나 문장을 중심으로 시작하라.
2. 하나의 구두점도 빠뜨리지 말고 그대로 베껴라.
3. 한 줄에서 한 단락 그리고 한 페이지로 확장하라.
4. 3독 반복 읽기와 함께 3독 필사를 해라.
5. 매일 꾸준히 편지를 쓰듯이 필사하라.

눈으로 읽고 손으로 읽는 것이 필사다. 존 스튜어트 밀, 아이작 뉴턴, 윈스턴 처칠, 키케로 등과 같은 위인들도 모두 필사로 반복 독서를 했다. 독서전략에 있어 빠질 수 없는 것이 필사다.

앞서 거론한 방법들은 내가 그동안 독서와 필사를 하면서 시행착오를 통해 만들어진 나만의 방식이다. 그러기 때문에 이 방법이 절대적인 방법이 아님을 알아주기 바란다. 또 책을 좋아하는 사람이라면 이미 같거나 비슷한 방법으로 필사를 하고 있을지도 모른다.

다음은 5가지 필사법을 살펴보자.

1. 핵심 문구와 문장을 필사할 때 주의해야 할 점은 정말 핵심만 찾아서 필사해야 한다. 『논어(論語)』나 『손자병법(孫子兵法)』과 같은 고전 책은 사자성어나 단락별로 된 도서가 많다. 따라서 핵심을 찾아 필사하기 좋다. 하지만 문학서나 소설 등은 한 페이지 내에서 핵심이 되는 부분을 찾아 필사할 줄 알아야 한다. 그래서 앞에서 언급한 밑줄 긋기와 쪽지 활용이나 메모하기를 잘하면 훨씬 필사하기가 편하다.

2. 필사는 말 그대로 '베껴 쓰다'란 뜻이다. 따라서 구두점, 마침표, 띄어쓰기 그리고 들여쓰기 등 책에 쓰인 그대로 필사해야 한다. 무릇 필사는 재독의 효과뿐만 아니라 똑같이 쓰다 보면 어느 순간 작가의 감정도 느낄 수 있다. 또한 글을 쓰는 방법도 자연스럽게 익힐 수 있으며 좋은 문구나 표현도 내 것으로 만들 수 있다. 그러니 덧붙이거나 줄여서 필사하면 절대로 안 된다.

3. 한마디로 무리하지 말자는 얘기다. 조금 아쉽다 정도가 제일 좋은 출발이다. 처음에는 매일매일 반복해서 꾸준히 필사하는 것이 많이 필사하는 것보다 훨씬 중요하다. 그렇다고 실망할 필요는 없다. 어느 순간 한 줄짜리 필사가 한 단락이 되고 또다시 한 페이지가 분명히 되기 때문이다.

4. 필사는 처음 읽는 책을 하는 것보다 재독 때 하는 것이 더 효과적이다. 한 번도 읽어보지 않은 책을 필사하는 것은 시간이 훨씬 오래 걸린다. 그러니 필사가 목적이라면 필사에 초점을 맞추고 책의 구성에 따라 장별로 혹은 이야기 전개별로 읽은 후 앞서 언급한 3독 반복과 3독 필사를 함께하면 된다.

5. 독서에는 꾸준함과 끈기가 기본이다. 특히 인문고전은 다른 장르의 책들보다 조금 난해한 건 사실이다. 그렇기에 하루도 빠지지 않고 조금이라도 필사를 해야 한다. 그렇다고 다른 장르의 도서들이 쉽다는 얘기가 아니니 오해하지 말기 바란다. 매일 꾸준히 필사하기 위한 가장 좋은 팁은 책과 연애를 하면 된다. 마치 연애편지를 쓴다는 생각으로 필사를 하면 훨씬 즐거워질 거다.

필사 독서는 할 수만 있다면 많은 선물을 주는 전략 중에 하나다. 다산 정약용은 그의 아들 학연에게 편지를 보내면서도 언제나 독서를 강조했다. 그리고 말문에는 항상 "그 내용 중 중요한 것을 발견하면 초서하도록 하여라."라고 했다. 그리고 두 아들의 재 물음에 이렇게 대답해준다. "어떤 책이든 손에 잡으면 학문에 보탬이 될 만한 대목만 가려서 뽑고 나머지는 눈길도 주지 말거라." 이처럼 초서를 통한 필사의 중요성을 누구보다도 강조한 인물이다.

06

사색하는
시간을 늘려라

필사에 대한 전략과 기술이 습득되었다면 이제 사색을 즐길 줄 알아야 한다. 사색(思索)이란? 사전적 의미를 살펴보면 '어떤 것에 대해 깊이 생각하고 이치를 따진다.'라는 뜻이다. 독서가 끝나는 그 순간 독서의 또 다른 연장인 사색(思索)의 자세로 들어가야 한다.

다음은 『논어(論語)』「위정편」에 나오는 한 구절이다. 잠시 살펴보자.

"子曰, 學而不思則罔, 思而不學則殆"
(자왈, 학이불사즉망, 사이불학즉태)

공자는 "배우기만 하고 사색하지 않으면 아무것도 없다. 또 사색만 하고 배우지 않으면 외곬으로 빠질 위험이 있다."라고 배움과 사색의 중요성을 강조했다. 여기서 배움에는 여러 방법이 있겠지만 이 책에서는 독서를 통한 배움으로 이해하자. 또 이 구절에는 4가지 교훈이 있음을 알 수 있다.

첫째, 學而와 不思 배움과 사색 없음
둘째, 學而와 思而 배움과 사색
셋째, 不思와 不學 사색 없음과 배움 없음
넷째, 思而와 不學 사색과 배움 없음

여기서 불사(不思)는 단순하게 '(생각)사색하지 않는다.'가 아니다. 어떤 상황에서 일 처리를 할 때 '심사숙고(深思熟考)'하지 않는 것과 모든 일을 단순하게 생각하고 보는 단견적인 사고를 말한다. 신중함에 대한 중요성이 포함된 것이다. 또 하나 살펴볼 글자는 '즉망(則罔)'이다. 열심히 배웠지만 내 것으로 소화하지 못하면 망한다는 말이다. 그런데 이 역시 '아~ 시험 망쳤어!'처럼 단순히 망하고 끝나는 게 아니다.

배우는 행위, 생각하는 행위, 그리고 익히는 행위들을 통합적으로 볼 때 그 자세가 진정성 없이 대충대충 하는 것을 경고하는 것이다. 또한 우리는 배우고 익힘에 있어 진정한 사색을 통해 완전한 내 것으로 체화시켜 내재화(內在化)할 수 있어야 한다. 그러지 못하면 '사람은 보고 싶은 것만 본다.'라는 '확증편향(確證偏向)'에 빠질 수 있음을 경고하고 있다.

전략적 독서를 위한 나만의 5가지 사색 방법이다.

1. 사색할 시간을 확보하라.
2. 나만의 공간을 확보하라.
3. 사색은 즐겨야 한다.
4. 글쓴이나 화자의 입장에서 사색하라.
5. 균형을 맞춰서 사색하라.

아일랜드 정치사상가 에드먼드 버크는 다음과 같이 말했다. "사색 없는 독서는 소화되지 않는 음식을 먹는 것과 같다." 절대 공감한다. 보통의 사람들은 책 한 권 읽으면 '다 읽었다!', '끝~~ 다음은 뭐 읽지?'라고 말하며 바로 책을 덮어버린다. 그렇게 되면 우리가 얻을 수 있는 사고의 폭과 식견은 확장될 수가 없다. 따라서 하루 10분 만이라도 독서 후 사색해보기 바란다.

다음 5가지 사색법을 살펴보자.

1. 사색을 위해 나만의 시간을 가져야 한다. 잠깐 남는 자투리 시간도 사색하기에 좋다. 하지만 처음에는 사색을 위해 정기적인 사색 시간을 정해야 한다. 가령 '나는 책을 읽고 나면 무조건 10분 동안 사색할 거야.'라고 생각하고 실행해야 한다. 그래야 습관이 형성된다. 이렇게 습관이 형성되고 나면 모든 자투리 시간도 사색 시간으로 사용할 수 있다.

2. 나만의 공간을 활용해라. 나만의 첫 번째 사색 공간은 회사 옥상이었다. 당시 회사는 단독 사옥의 옥상에 조경이 잘 돼 있었다. 하지만 시간대가 안 맞으면 꼭 상사나 직장동료가 흡연을 위해 올라와 사색이 끊기곤 했다. 그래서 생각한 곳이 바로 화장실이다. 처음에는 기분상 찜찜했다. 하지만 생각보다 괜찮다. 또 집에서는 샤워할 때와 잠자기 전에 갖는 사색 시간도 괜찮다. 자! 중요한 건 나만의 공간이다. 찾으면 있기 마련이다.

3. 사색은 즐거운 거야! 출발은 이렇게 가볍게 해야 한다. 그래서 우리가 가지고 있는 인식의 변화가 먼저 이루어져야 한다. 사색을 꼭 심각한 표정과 모습으로 할 필요는 없다. 오히려 누가 보면 오해받는다. 지금 막 읽은 책의 내용과 나를 연계해서 생각하는 것도 좋다. 예를 들어, "배우기만 하고 사색하지 않으면 아무것도 없다."라고

하는데…. 그럼 나는 이제까지 배운 걸 깊이 고민하고 생각해본 적이 있나? 아~~ 진작 알았더라면, 학창 시절 그랬으면…. 최소 아이비리그 중 하나는 갈 수 있었을 텐데….'

4. 사색하다 보면 지금 읽은 책에 대한 작가의 마음과 생각 그리고 그가 가지고 있는 사상과의 교류가 이루어진다. 공자의 『논어(論語)』를 읽고 사색 중이라면 지금 공자가 되어 제자의 물음에 고민하는 감정을 느낄 수도 있다. 또한 동문인 안회와 지혜를 겨뤄보기도 하고 제자로서 공자에게 가르침을 받는 모습도 생각도 할 수 있다. 그러한 깊은 사색으로 점점 전달하고자 하는 의미나 가르침을 깨닫고 공감할 수 있는 사고로 발전하는 거다.

5. 세상의 모든 가르침에는 균형이 있다고 한다. 그래서 배움과 사색이 함께 균형을 이룰 때 비로소 지혜를 얻을 수 있는 것이다. 다시 말해 배우고 익혀 실천적으로 적용해야 그에 대한 성과를 얻을 수 있다는 말이다. 개인도, 가정도, 사회와 국가도 균형이 잡혀야 안정되는 것이다. 어느 한쪽으로 치우친다면 위태롭게 되어 망하게 되는 것은 자명한 사실이다.

사색은 독서를 통해서만 하는 게 아니다. 우리는 일상생활 속에서도 사색을 얼마든지 할 수 있다. 가령, '가정에서 나는 좋은 아빠일까? 지금까지 아빠의 역할을 잘하고 있는 걸까? 그럼 남편으로서의 나는 몇 점짜리일까?'와 같이 개인에 대한 사색으로 자신을 돌아보며 성찰의 기회를 가질 수 있다.

또한 직장에서의 사색이라면 우선 나와 타인과의 관계에 대한 사색이 이루어져야 한다. 왜? 사회생활은 혼자서 하는 게 아니니까. 나의 말과 행동 그리고 태도는 다른 사람이 봤을 때 어떻게 보일까? 반대로 내 상사나 동료에 대한 나의 선입견이나 편견은 없었나? 지금의 직장이 나의 인생 목표가 맞을까? 등 사색은 다양한 환경에서 다양하게 할 수 있다.

하지만 우리는 여기서 독서를 통한 사색에 대해서만 생각하기로 하자. 다시 한번 강조하지만 이제 책 한 권 들고 한 줄이라도 읽었다면 잠시라도 사색의 시간을 꼭 가지길 바란다. 그리고 가능한 그 시간을 조금씩 조금씩 늘려보기를 적극적으로 권장하고 싶다. 마지막으로 영국의 철학자 존 로크의 말을 읽고 사색한 후 자기 것으로 만들어보기 바란다.

"독서는 다만 지식의 재료를 줄 뿐이다.
자기 것으로 만드는 것은 사색의 힘이다."

07

자기 주도식
독서로 발전시켜라

"당신의 인생을 가장 짧은 시간에 가장 위대하게 바꿔줄 방법이 무엇인가? 만약 당신이 독서보다 더 좋은 방법을 알고 있다면 그 방법을 따르길 바란다. 그러나 인류가 현재까지 발견한 방법 가운데서만 찾는다면 당신은 결코 독서보다 더 좋은 방법은 찾을 수 없을 것이다."라는 말로 워런 버핏은 독서가 주는 위대한 힘에 대해 강조하고 있다.

독서가 우리에게 주는 힘은 무한하다. 우리는 그 무한하고 위대한 힘을 얻을 수 있는 독서를 해야 한다. 단순히 손에 잡히는 대로 읽고 덮는 일반적인 책 읽기가 아니다. 자기 스스로 발전시킬 수 있는 자기 주도식 독서로 확장해야 한다.

자기 주도식 독서를 알기 위해 우선 자기 주도적 학습(自己主導的學習)이란 말을 먼저 살펴보자. 국어사전적 의미를 보면, '교육 전체적인 학습 과정을 학습자가 자발적으로 이끌어 나아가는 학습을 말한다. 즉 학습 경험을 계획하고 시행하고 평가하는 일차적인 책임을 학습자가 맡는 학습이다.'라고 나와 있다.

그렇다면 자기 주도적 독서를 자기 주도적 학습의 견해로 연계시켜보자. 독서자 스스로가 전체적인 독서 과정을 이끌어 나아간다. 그리고 독서를 위한 경험을 계획하고 시행과 평가를 통해 주도적인 독서 활동을 하는 것 정도로 보면 될 것 같다.

우선 자기 주도식 독서를 하기 위해서는 자신의 독서력에 대한 점검이 선행되어야 한다. 책을 읽기 위한 '어휘력', 읽는 '속도', 읽을 '양', 내용을 파악하는 '이해력', 몰입해서 볼 수 있는 '집중력' 등 여러 가지가 있다. 이처럼 자신의 독서력을 정확히 점검해야 자기 스스로 독서력에 대한 절대 평가를 할 수 있다. 독서력에 대한 자가 진단이 끝나면 독서자는 자신의 수준에 맞는 도서를 선정하고 독서 계획을 세우면 된다.

앞서 3-04장에서 두꺼운 책 읽기 도전에 대한 시행착오를 기억하는가. 나는 고전 책을 제법 읽었고 또 읽은 도서의 수도 꽤 된다고 생각했다. 그래서 자기 주도식으로 책을 선별, 선택하고 어설픈 내 방식으로 책을 읽게 된 것이다. 결과는 참패! 이유는 독서 계획의 무지에 따른 결과라는 건 이미 앞에서 언급했다. 하지만 좀 더 자세히 살펴보면 자기 주도식 독서의 자가 평가에서 오류를 범한 것이다.

시간과 분량 배분에 대한 실패는 결국 나의 서양고전에 대한 어휘력과 이해력의 부족으로 발생한 거다. 나는 서양고전 책을 읽은 권수에 대해 냉정한 판단을 생각했어야 했다. 만일 그랬다면 시간과 분량 배분에 있어 다르게 진행했을 것이다. 지금은 자기 주도식 독서가 비교적 잘 이루어지고 있다. 지금도 그때의 경험이 약이 되어 새로운 책에 대한 계획을 세울 때면 항상 꼼꼼하게 살핀다.

전략적 독서를 위한 나만의 5가지 자기 주도식 독서 실행 방법

1. 자가 평가부터 시작하라.
2. 독서 계획표를 만들자.
3. 가볍게 시행하라.
4. 평가는 냉정하게 하라.
5. 연계 독서로 확대하라.

자기 주도식 독서 방법은 확실히 독서자의 지적 능력, 창의력 그리고 문제 해결 능력을 극대화할 수 있을 만큼 좋은 독서 방법이다. 앞서 거론했던 독서전략들을 모두 습득한다면 자기 주도식 독서는 자연스럽게 이루어질 것이다. 핵심은 내가 좋아서 스스로 하지만 그래도 좋은 방법과 기술을 적용해 좀 더 효율적이고 효과적으로 한다. 이 정도로 보면 되지 않을까 싶다.

다음은 5가지 자기 주도식 독서 실행법을 살펴보자.

1. 자가 평가를 정확히 해야 자기 수준에 맞는 도서를 선택할 수 있다. 다시 말해 자기 수준에 비해 쉽거나 어려운 책은 자신의 성장에 도움이 되지 않는다. 따라서 자기 수준에 맞는 도서를 선택해야 완독 후에도 성취감을 느낄 수 있다. 또한 독서자들의 인지, 정서, 사회성 발달에도 도움을 줄 수 있는 것이다.

2. 독서 계획은 이미 앞에서 말한 바 있다. 자기 주도식 독서를 위한 계획은 철저히 수준에 맞게 도서를 선택하고 시간과 분량 그리고 완독까지 계획을 세워야 한다. 주도식 독서는 무엇보다도 자기 스스로가 만드는 계획이기 때문에 절대적으로 지킬 수 있는 계획을 세워야 한다. 너무 느슨하게 하면 흥미를 잃을 것이고 또 너무 빡빡하게 하면 중간에 포기하기 쉽다. 따라서 수준에 맞게 세우는 것이 제일 중요

하다.

3. 출발이나 시작이 무거우면 정말 멀리 오래 가지 못한다. 가볍게, 천천히, 그리고 여유 있게 시작해야 내가 만든 계획과 목표를 완수할 수 있다. 그 완수에 대한 성취감이 늘어나면서 자연스럽게 습관이 되고 내 것이 되는 것이다. 유아·유치생은 글보다 그림이 많으면 좋고, 초등학생은 글과 그림의 균형이 맞으면 좋다. 성인은 지식과 정보 입수 그리고 교양과 지적 수준을 향상하는 정도의 수준이면 될 것 같다. 하지만 연령대와 상관없이 제일 좋은 도서는 독서자의 수준에 맞는 독서자가 읽고 싶은 책이다.

4. 평가는 냉정하게 하라는 말은 정직함을 말한다. 절대로 자신을 속이면 안 된다. 내가 스스로 세운 계획이기 때문에 완료하지 못한 부분을 철저히 기록하고 분석해야 한다. 그래야 다음 계획을 세울 때 참고할 수 있다. 가령 잘못된 부분이 어휘력인지, 이해력인지, 아니면 읽는 속도나 방식이 문제인지를 파악해야 한다. 그렇게 정확히 평가하고 파악해야만 다음에 계획을 세울 때 수정하고 반영할 수 있는 것이다.

5. '연계 독서로 확대하라.'는 내가 제일 좋아하는 방법이다. 내가 선택

한 도서를 자기 주도식으로 완독하다 보면 그 도서와 유사한 도서나 상위 도서를 찾을 수 있다. 그럼 또다시 계획을 세우고 연계해서 읽는 것이다. 이처럼 2~3권만 연계 독서를 하게 되면 장담하건대 그 분야의 반전문가가 돼 있을 것이다.

사마천은 "배우길 좋아하고 깊이 생각하면 마음으로 그 뜻을 알게 된다."라고 했다. 자기 주도식 독서를 하기 위해서는 독서하는 행위 자체를 좋아하고 즐길 줄 알아야 한다. 또 좋아해야 깊이 생각하고 좋아해야 마음으로 그 뜻을 아는 것이다. 만일 지금 독서하기를 진심으로 좋아하는 애독자(愛讀者)가 이 글을 본다면 그 독자는 분명히 이미 자기 주도식 독서를 실천하고 있는 독서가(讀書家)라고 확신한다.

08

실천은 몸으로
익히는 독서이다

'실천은 몸으로 익히는 독서다.'라고 하는 것처럼 우리는 책을 읽으면 몸소 느끼고 실천하는 습관을 들여야 한다. 독서학에는 '색독(色讀)'과 '체독(體讀)'이 있다. '색독(色讀)'은 표현된 글을 문자적 의미로 읽는 걸 말한다. 하지만 '체독(體讀)'은 글이 내포하고 있는 의미를 몸으로 읽는다는 것이다. 다시 말해 온몸으로 그 의미를 느끼고 실천하는 것을 말한다.

그래서 우리는 독서를 통해 얻은 지식과 지혜를 실제 몸으로 익히고 행하지 않는다면, 책을 읽은 것이 아니라 책장을 넘기는 손가락 운동만 한 꼴이 되는 거다. 이제 하루 10분 실천을 통해 온몸으로 '체독(體讀)'하는 연습을 해야 한다.

"무릇 책을 읽는 사람은 반드시 단정히 앉아 삼가 공경하여 책을 대하며, 마음을 오로지하고 뜻을 극진히 하여 글의 의미를 정밀하게 이해하고 깊이 생각할 것이며, 구절마다 반드시 실천할 방법을 찾아야 한다. 만일 입으로만 읽어서 마음으로 체득하지 못하고 몸으로 실행하지 못한다면, 책은 책이고 나는 나니 무슨 이로움이 있겠는가?" 바로 율곡 이이의 말이다. 그때나 지금이나 배우고 익히고 깨달으면 실천해야 하는 것은 '당연지사(當然之事)'인데 오늘날 그렇지 못하다는 게 아쉬울 뿐이다.

나는 이번 3-08장에서 앞의 3-01~07장까지의 독서전략을 다시 한번 재조명하고 확인하고자 한다. 우리가 책을 읽고 마음으로 체득하기 위해서는 절대적으로 앞 장들의 전략이 뒷받침되어야 하기 때문이다. 그럼 천천히 살펴보도록 하자.

3-1. 루틴으로 습관을 만들어라.

매일 아침 새벽 6시 기상과 동시에 물 한 잔만 마시고 책장으로 바로 간다. 책 한 권 손에 들고 의자에 앉아 책을 읽는다. 책을 읽을 때는 언제나 소리 내서 읽는다. 소리 내서 읽다가도 마음속으로 무슨 뜻인지 알고 있다고 말한다. 아침 독서 습관을 위해 규칙적인 루틴을 만들어 하루도 빠지지 않고 실천하고 있다. 처음 시작은 언제나 하루 10분 인문고전으로 출발한다.

3-2. 쪽지나 메모를 활용해라.

나는 하루 10분 인문고전으로 시작한다. 준비물은 언제나 필기도구와 쪽지나 메모지다. 책을 읽기 시작하면 참고할 어휘나 문구에는 밑줄을 긋는다. 밑줄을 긋고 나면 해당 어휘에 나만의 표기법으로 표시한다. 책을 읽다가 간단한 내용은 쪽지를 활용해서 적어놓는다. 하지만 글의 내용을 발췌하거나 요약할 때는 항상 메모지를 활용한다. 나는 오늘 읽은 책에서 나온 모든 쪽지나 메모를 한군데에 모아둔다. 나는 다 모은 쪽지나 메모를 노트에 옮겨 쓰면서 다시 한번 생각을 정리한다.

3-3. 무조건 반복해서 읽어라.

나는 하루 10분 읽었던 인문고전을 다시 반복해서 읽는다. 처음에는 밑줄 그어진 곳과 표기된 어휘와 구절만 반복해서 읽는다. 다음은 쪽지와 메모가 확보되면 다시 그 자리에서 쪽지와 메모를 읽는다. 마지막으로 본문에 핵심 내용을 찾는 연습과 동시에 핵심 내용을 읽는다. 핵심 내용을 읽다 보면 중요한 정보와 상위정보가 나온다. 나는 매일 이렇게 최소 세 번 반복한다.

3-4. 계획하고 읽으면 완독은 시간문제다.

나는 매일 아침 하루 10분 인문고전을 읽는다. 그리고 항상 같은 시간에 읽으려고 노력한다. 내가 지금 읽는 도서의 난이도에 따라 3독 중 2독 반복의 힘을 빌린다. 자투리 시간이 나면 언제나 보너스 타임이라고 생각하고 반복 독서를 한다. 마지막 잠자기 전의 독서 시간도 되도록 같은 시간대를 유지하려고 노력한다. 나는 최소 3일 단위로 계획을 지키며 성취감을 느낀다.

3-5. 필사는 최고의 전략이고 기술이다.

나는 필사를 할 때 제일 먼저 핵심 문구와 문장을 중심으로 시작한다. 필사할 때는 하나의 구두점도 빠뜨리지 않고 책에 있는 그대로 베껴 쓴다. 하루에 한 줄을 필사할 때도 있고, 한 단락을 필사할 때도 있다. 때로는 한 페이지를 필사하기도 한다. 필사할 때 특이한 점은 3독 반복 읽기와 함께 3독 필사를 한다. 필사는 매일 꾸준히 편지를 쓰듯이 하면 즐겁게 할 수 있다.

3-6. 사색하는 시간을 늘려라.

나는 책을 읽고 덮은 순간 하루 10분 사색의 시간을 갖는다. 나만의 사색 공간을 확보하는 것도 중요하다. 사색은 가능하면 혼자만의 공간에서 하는 게 좋다. 사색은 책과 나의 만남의 시간이라고 생각하고 언제나 즐기면서 한다. 사색할 때는 작가의 마음속으로 들어간다고 생각한다. 독서를 통해 배움과 사색의 균형을 잡으려고 노력한다. 또한 사색 시간을 조금씩 늘리는 연습도 잊지 않는다.

3-7. 자기 주도식 독서로 발전시켜라.

나는 책을 선별하기 전에 나를 먼저 살피고 평가한다. 평가가 끝나면 언제나 독서 계획을 세운다. 독서 계획이 잡히면 바로 책을 선정하고 책 읽기에 들어간다. 평가할 때는 정말 냉정하게 자신에게 묻고 반성한다. 제대로 된 평가 속에서 수정과 보완을 다시 하고 연계할 도서를 선정한다. 그리고 다시 책 읽기를 시작한다.

3-8. 실천은 몸으로 익히는 독서이다.

'무언실천(無言實踐)' 말이 필요 없다. 행동으로 실천하라. 지금까지 나열한 3-1~7까지의 모든 전략적 독서 방법을 말없이 실천해보자는 말이다. 이미 알고 있는 내용도 있고 새로운 내용도 있을 것이다. 중요한 건 정말 하느냐 마느냐의 문제인 듯싶다. 하지만 처음 전략적 독서를 시도해본다면 한 가지 조언을 해주고 싶다.

내가 소화할 수 있다고 생각하는 전략부터 따라 해보는 걸 추천한다. 굳이 모두 한꺼번에 할 필요는 없다. 각각의 전략을 하나씩 경험하고 시도하다 보면 다음 전략으로 접근하기가 훨씬 더 용이하다. 책 읽기는 즐거워야 한다. 전략적 독서로 인해 스트레스 받을 필요는 없다. 나도 처음부터 위에 거론된 전략적 방법을 한꺼번에 다 하지 않았다. 시간이 지나면서 하나씩 하나씩 체득되면서 할 수 있게 된 것이다.

"행위가 인생이 되고 곧 운명이 되는 것이다. 이것이 바로 우리 인생을 지배하고 다스리는 법칙이다."라는 톨스토이의 말처럼 나는 책을 읽으면서 위와 같은 전략적인 방법으로 많은 도움을 받았다. 지금 내가 하는 모든 행위 중에 다른 건 모르겠지만 독서 중이라면 최소 하루 10분 투자해서 적용해보기 바란다.

-

4장

인문고전으로
자기계발하는
8가지 방법

-

한 권의 책을 읽음으로써 자신의 삶에서
새 시대를 본 사람이 너무나 많다.

- 헨리 데이비드 소로우 -

나만의
인문 노트를 만들어라

정조(正祖)가 각료·유생들과 경연 및 제반 사항에 대해 나눈 대화와 전교(傳敎)를 수록한 『일득록(日得錄)』에는 다음과 같은 말이 나온다. "내가 어릴 적부터 즐겨한 독서법은 초서(抄書)였다. 내가 직접 필사해서 책을 이룬 것만 해도 수십 권에 달한다. 그 과정에서 얻은 효과가 매우 크다. 그냥 읽는 것과는 차원이 다르다." 초서(抄書)를 통한 정조(正祖)의 독서법이다. 하루 10분 인문고전과 함께 나만의 인문 노트 만들기 역시 어떻게 보면 초서(抄書)와 유사하다. 책을 읽으면서 책 속의 핵심 내용을 찾아 따로 노트를 만들고 정리하는 것이다.

나는 할 수만 있다면, 필사(筆寫)는 정말 최고의 독서법이자 학습법이라고 생각한다. 하지만 시간적 제약이나 환경적 문제로 필사(筆寫)에 어려움이 있다면 인문 노트 작성법도 그에 못지않게 아주 훌륭하다고 본다. 내가 처음 필사(筆寫)를 도전하고 여러 시행착오 끝에 나만의 5가지 필사 방법을 언급한 것은 3장 5꼭지에 기재되어 있으니 참고 바란다. 문제는 모든 인문고전을 전부 필사(筆寫)하기에는 부담이 많다는 거다.

가장 큰 문제는 시간이다. 나는 한 권의 책을 읽을 때나 두세 권의 책을 동시에 읽을 때나 독서에 할애할 수 있는 시간 범위는 늘 정해져 있다. 그렇다 보니 필사(筆寫)를 위해서는 언제나 장기계획을 세워야 한다. 하지만 때론 단기계획을 통해 다수의 인문고전을 접하고 싶을 때도 있다. 그래서 생각한 방법이 좀 더 효율적이고 효과적으로 접근할 수 있는 인문 노트 만들기였다. 그런데 막상 인문 노트를 만들려고 하니 어디서부터 어떻게 만들어야 할지 처음에는 막막했다.

어떻게 하면 좋을까? 하고 고민하던 중 생각난 것이 정약용이 두 아들에게 보낸 편지였다. 그 내용을 보면 "너희들이 어찌하여 초서의 효과를 의심하여 그런 말을 하느냐. 어떤 책이든 손에 잡으면 학문에 보탬이 될 만한 대목만 가려서 뽑고 나머지는 눈길도 주지 말거라. 그러면 비록 백 권의 책이라도 열흘 공부로 끝낼 수 있을 것이다." 이 글에서 내게 생각난 부분이 바로 '비록 백 권의 책이라도 열흘 공부로 끝낼 수 있다.'라는 말이다. 가만히 생각해보면 학창 시절 우리가 했던 요약 노트와 별반 다를 게 없었다. 그 순간 나도 모르게 무릎을 '팍' 치면서 말했다. "그럼 할 만하네!"

그런데 한 가지 문제가 더 생겼다. 학창 시절 요약 노트는 과목별 특성에 따라 구성을 달리했다. '그럼 인문 노트도 장르별 구성을 다르게 해야 하나?'라는 의문이 생겼다. 그렇다고 인문별, 고전별로 다르게 구성하면 '와우~' 생각만 해도 머리가 아팠다. 그래서 결정을 내린 건 공통의 구성 요소 만들기였다. 이때 난 필사(筆寫)와 초서(抄書)의 가장 큰 차이점을 알게 되었다. 그리고 초서와 같이 나만의 인문 노트를 다음과 같이 만들었다.

나만의 인문 노트 만들기

1. 장르와 도서 정하기

말 그대로 인문고전 중 장르(세부 장르: 인문, 문학, 철학, 고전…)와 읽을 도서를 정한다.

예를 들면 다음과 같다.

- 제목: 논어

- 인문 〉고전 〉동양고전 〉철학 〉논어

이처럼 키워드 찾기 형식으로 표기하면 된다. 이렇게 표기를 하다 보면 내가 어떤 도서를 읽더라도 장르에 대한 세분화가 자연스럽게 이루어진다. 따라서 도서 검색 및 관련 도서나 상위도서 찾기가 쉬워진다.

2. 서문이나 목차 읽고 내용 파악하기

책을 읽기 전에 내용을 파악하기 위해서는 우선 책 앞부분에 있는 서문(들어가기)과 목차를 꼼꼼히 살펴봐야 한다. 기본적인 저자의 의도와 내용이 간략하게 기술되어 있기 때문에 본격적으로 책을 읽을 때 도움이 많이 된다. 또한 목차는 본문의 내용을 단문으로 함축한 말이기 때문에 대략적인 예상이 가능하다.

3. 핵심 문장과 내용 밑줄 긋기

본격적으로 본문을 읽기 시작하면 핵심 문장과 내용이 나올 때마다 밑줄 긋기를 활용하거나 필요하다면 바로 메모해도 좋다. 주의해야 할 점은 본문 내용을 최소단위별로 읽은 후에 인문 노트에 발췌해야 한다. 내가 처음 인문 노트를 만들 때 시행 착오한 부분이 바로 이 부분이다. 『논어(論語)』와 같은 고전 도서는 어떻게 보면 시종일관(始終一貫) 발췌다. 그렇다 보니 처음에는 모두가 중요한 핵심이라고 생각하고 읽는 내내 발췌하고 기록했다.

한마디로 필사 아닌 필사를 한 것이다. 책은 몇 페이지 안 읽었는데 인문 노트 한 페이지가 가득 찼으니 내가 얼마나 무식하게 했는지 상상이 되리라 본다. 그래서 바꾼 방법이 바로 최소단위별, 즉 문단 혹은 한 페이지 혹은 2~3쪽의 한 단원이었다. 그리고 읽으면서 밑줄 긋기도 함께 했다. 역시 방법을 바꾸고 나니 발췌양도 확실히 줄고 핵심만 찾아 정리할 수 있었다.

4. 질문과 한 마디 써보기

책을 읽다 보면 '왜? 진짜?'가 정말 중요하다. 독서를 많이 하는 사람들은 대부분 책을 읽다가 정보를 얻으면 '정말? 그래? 왜 내가 몰랐지?' 정도가 자연스럽게 나온다. 나 역시 세계의 석박사들이 쓴 책이라도 읽다가 의문점이 나오면 질문부터 한다. '왜지?' 그런데 정말 재미있는 것을 발견할 때가 있다. 의문점을 가졌던 부분이 가끔은 끝까지 읽어보면, 결론이 저자의 개인적인 생각 혹은 추측이나 입증되지 않은 근접한 논리들일 때가 있다. 그럴 때면 왠지 모르게 짜릿함이 느껴진다.

그래서 만들어본 것이 바로 한 마디 코너다. 모두가 한 번쯤 생각하고 말하는데 나도 내 견해나 주장 정도는 하자는 게 목적이었다. 그런데 이 부분이 내게는 생각보다 효과가 좋았다. 나도 한 마디 하고 글을 쓰다 보니 점점 내용이 길어지는 것이었다. 한 마디로 필력이 좋아지는 것이다. 그뿐인가. 필력이 뒷받침되니 자연스럽게 글쓰기에 자신감이 생기게 되었다.

만일 책 읽기를 하면서 아직 독서 노트를 만들어보지 않았다면 이번 기회에 꼭 한번 만들어보길 바란다. 그리고 가능하면 인문 노트 만들기부터 시작하기를 권장한다. 일반 소설이나 문학을 먼저 하게 되면 핵심 찾기가 생각보다 쉽지 않다. 또 사람마다 글에서 느끼는 감정이 다르다. 따라서 어떤 사람은 '주야장천(晝夜長川)' 좋다고 쓰고, 또 반대로 "별로 중요한 말이 없는데"라고 말하는 사람도 있을 것이다. 하지만 인문고전은 주요 핵심 어휘나 고사성어가 많아 오히려 처음으로 독서 노트를 만든다면 훈련도 잘되고 도움도 많이 되리라 본다.

02

군자의
도를 익혀라

유교에서는 성품이 어질고 학식이 높은 지성인을 가리켜 '군자(君子)'라고 하였다. 또 높은 벼슬을 하는 사람을 지칭하는 말로도 쓰였다. 『논어(論語)』 「이인편(里仁編)」에는 '군자는 어떤 것이 옳은 일인지 잘 알고, 소인은 어떤 것이 이익인지 잘 안다. 군자는 어찌하면 훌륭한 덕을 갖출까 생각하고, 소인은 어찌하면 편히 살 것인가 생각한다.'라는 말로 군자를 정의했다. 군자 하면 떠오르는 단어가 성인(聖人)이다. 그런데 성인과 군자의 차이가 상당히 크다.

공자는 성인(聖人)을 최고의 이상적인 인간상으로 꼽았다. 하지만 군자는 학식과 덕을 갖춘 지성인이지만 소인과 비교되고 소인을 관리하는 정도의 위치로 보았다. 또 하나 큰 차이점은 성인은 타고난 성품과 인격이지만, 군자는 끊임없는 노력으로 만들어진 인격체라는 거다.

이쯤 되면 성인군자(聖人君子)의 뜻이 궁금하지 않을까 싶다. 한자 사전적 의미는 '지식과 인격이 함께 뛰어난 훌륭한 사람'으로 나와 있다.

하지만 엄밀히 성인과 군자의 차이가 있는데 단순히 두 뜻을 합쳐서 해석하는 것은 편의상 해석한 것이 아닌가 싶다. 그래서 난 군자의 덕과 인품을 갖추고 스스로 끊임없이 노력해서 성인의 대열에 들어간 사람을 가리켜 성인군자(聖人君子)라고 하고 싶다. 대표적인 인물을 꼽는다면 성군 세종과 성웅 이순신이 되겠다.

공자가 제자들이 군자가 될 것을 독려하며 가르친 학문이 군자학(君子學)이다. 사실 『논어(論語)』도 어떻게 보면 군자학(君子學)이라고 볼 수 있다. 이번 장에서는 군자의 규율이라고 하는 군자삼계(君子三戒)에 대해 알아볼까 한다. 우선, 군자삼계(君子三戒)는 공자 『논어(論語)』 「계씨편(季氏篇)」에 나온다. 그 뜻을 살며 보면 군자가 마땅히 지켜야 할 세 가지 계율이다. 다시 말해 군자로서 경계해야 할 세 가지 사항이라고 생각하면 된다.

"子曰, 君子有三戒"

(자왈, 군자유삼계)

"공자께서 말씀하시길, 군자는 경계해야 할 세 가지가 있다."

"少之時, 血氣未定 戒之在色"

(소지시, 혈기미정 계지재색)

"젊을 때, 혈기가 안정되지 않은지라 경계할 것이 여색이다."

"及其長也, 血氣方剛 戒之在鬪"

(급기장야 혈기방강 계지재투)

"장성하여, 혈기가 강해지면 경계할 것이 싸움이다."

"及其老也, 血氣旣衰 戒之在得"

(급기로야, 혈기기쇠 계지재득)

"늙어서 혈기가 쇠진하면 경계할 것이 물욕이다."

첫째는 색욕(色慾)이다. 15세~ 20세의 청년기 남자들에게 경고하는 주의점이다. 가장 혈기 왕성한 이때 두려울 게 무엇이 있고, 못 할 게 무엇이 있겠는가. 지금으로 따지면 사춘기에 들어가는 중학교에서 철이 들어가는 고등학교를 지나 대학입학 시기를 말한다. 정리해서 말하면,

- 혈기 왕성하여 넘쳐나는 힘을 주체하지 못한다.
- 이 세상에 두려울 게 없고 눈빛은 강렬하다.
- 불안정한 감정 상태로 어디로 튈지 모른다.
- 유혹에 빠지기 쉽고 욕정에서 벗어나기 힘들어한다.

이쯤 되면 어떤 상태인지 모두가 알 것이다. 예나 지금이나 이 시기가 가장 문제다. 현재 우리 집에도 이 시기에 들어선 아드님과 따님 이렇게 한 분씩 계신다. 사실 이때가 신체적, 정서적 변화가 가장 많은 시기이다. 개인차는 조금씩 있겠지만 갑작스러운 호르몬 분비에 의한 심신의 불안정으로 여러 가지 정서적 혼란과 어려움을 겪을 수 있다. 당시는 욕정(欲情)이라고 하지만 현대 사회적으로 보면 이성에 대한 정체성의 확립 기간이라고 생각하면 될 것 같다.

내가 걱정하는 가장 큰 문제는 이 시기에 뇌의 발달이 가장 활발히 이루어진다는 사실이다. 반면에 계획, 판단, 자기 억제와 같은 전전두엽은

가장 늦게 발달된다고 한다. 따라서 분노 조절에 어려움을 겪는 것은 어떻게 보면 당연할 얘기일 수 있다. 머리로는 이해되는데 눈과 가슴으로 이해가 안 되는 게 부모 마음인 것 같다. 우리 가정도 다른 가정과 마찬가지로 매일 전쟁이다.

하지만 여러 가지 해결책으로 이 고비를 넘어가는 가정들이 많듯이 우리 가정도 고비를 넘기는 방법이 있다. 그중 우리 가정에서 쓰는 한 가지 방법은 무조건 대화하기다. 먼저 흥분을 가라앉히는 시간을 갖고 난 후 차분히 대화를 시도한다. 만일 조금이라도 흥분이 남아 있다면, 그때는 생각할 시간을 더 준다. 그렇게 대화를 하기 전에 아이들 스스로가 마음을 가라앉히고 생각할 수 있도록 최대한 혼자만의 시간을 준다.

결론만 말하면, 마음의 정리가 되고 차분해진 상태가 되면 대화는 자연스럽게 이어지고 결국 아이들 스스로 잘잘못을 느끼게 되는 것이다. 이처럼 우리 가정은 언제나 대화로 결론을 내고 풀고 넘어간다.

둘째는 장년기(壯年期)의 다툼이나 싸움이다. 20~40세가 되면 혈기는 안정되나 의욕(意慾)이 강해진다. 당시에는 상대방과 싸워 이기는 데서 쾌감(快感)을 얻는다고 해석할 정도다. 이러한 상태는 현대 사회의 승부 의욕 정도로 보면 될 것 같다. 사실 나도 이때 사회생활을 하면서 내가 제일 잘났고 다른 사람과 경쟁해서 지곤 못살아 정신이 아주 강했었다. 보통 이 시기가 턱없이 부족한 경험으로 시작해 단맛 쓴맛 다 보면서도 '안하무인(眼下無人)' 겸손함은 찾아볼 수도 없는 때이기도 하다.

반면에 이때가 또 사회에 가장 공헌을 많이 한 때이기도 하다. 젊은 혈기로 무모함을 알면서도 도전의 도전으로 성공한 사례들도 많다. 앞에서 말한 부정적 행위들은 당시 장년기에 경계해야 할 사항을 나열하다 보니 주의해야 할 점 중심으로 옛 성현들이 말한 것이라고 해석하면 좋겠다. 장년기 후반 불혹의 나이에 가까워지면서 점점 완숙해지며 깨달음을 얻어가는 시기라고 보면 된다.

셋째는 노년기(老年期)이다. 이 시기에 가장 주의해야 한다고 말한 부분이 탐욕(貪慾)이다. 인생의 경험도 풍부하고 이성적인 판단과 성숙한 행위가 돋보인다. 하지만 혈기가 쇠퇴하고 여색에는 무관심하며 자신감도 조금씩 떨어지는 시기이다. 그뿐만 아니다. 인생의 황혼기(黃昏期)에서 느끼는 회한(悔恨)도 많다고 한다. 그래서 물욕(物慾)이 많아지는 것이다. 그리고 이제는 남아 있는 여생을 어떻게 하면 편안하게 보낼 수 있을까에 대한 고민을 할 때라고 한다.

하지만 현대 사회에서는 조금 다르다. 바야흐로 100세 시대에 돌입한 오늘날에는 제2의 인생을 준비하는 단계이다. 다시 말해 실버타운에 입성 준비를 할 때가 아니라 인생 2막의 준비를 해야 할 시기이다. 일부 이 시기에 물질적 욕구인 노욕(老慾)으로 눈살을 찌푸리게 하는 사람도 있겠지만 나는 아직 명예(名譽)와 의리(義理)를 중시해야 할 시기라고 생각한다. 나 역시 지천명의 나이에 인생 2막을 준비하기 위해 작가의 꿈을 향해 도전했다. 그리고 당당히 작가의 꿈을 이루었다.

이처럼 훌륭한 군자의 도(道) 중 경계해야 할 세 가지 계(戒)에 대해 알아보았다. 공자의 이 세 가지 경계 사항은 현대 사회를 살아가는 모든 이에게 해당하는 말이라고 생각한다. 비록 내용적인 면에서 현대 사회와 차이가 있는 부분도 있다. 하지만 오늘날 군자를 따지진 않겠지만, 최소한의 지성인이라면 따라야 할 덕목이 아닌가 싶다.

03

말에도
품격이 있다

팬데믹으로 인한 비대면은 사람들과의 대화를 멀어지게 만들었다. 그렇다 보니 감정과 표현의 말들은 점점 메말라가고 단답형의 말들만 오고 가는 현실이다. 또한 상대의 기분에 대한 배려는 말없이 사라지고 그저 당신들 하고 싶은 말만 툭 던지고 말을 끝내는 세상에 살고 있다. 따라서 이성보다는 감성이 앞서는 이 시대에 꼭 필요로 하는 것이 바로 말의 품격이다. '말 한마디로 천 냥 빚을 갚는다.'란 말도 있지 않은가. 말이란 그 사람의 인격과 품격이다.

말의 품격을 높이기 위해서는 말을 듣는 품격을 먼저 갖춰야 한다. 다시 말해 말을 잘하기 위해서는 듣기를 잘해야 한다는 것이다. 우리가 모국어나 외국어를 배울 때도 마찬가지다. 우리는 말을 배우기 전에 듣는 것부터 한다. 그리고 충분히 듣기가 되면 그다음부터는 자연스럽게 말하기를 한다. 하지만 말하기는 내가 들었던 주위 환경의 말들을 중심으로 배우기 때문에 말하는 사람의 어법이나 어휘 구사가 아주 중요하다.

만약 부모가 거친 말과 거친 어휘로 '시종일관(始終一貫)' 말하고 대화한다고 가정해보자. 분명 그 아이는 부모와 똑같은 말과 표현을 보고 들은 대로 할 것이다. 그래서 듣는 것만큼 중요한 것이 주위 환경이다.

"知者弗言, 言者弗知"

(지자불언, 언자불지)

"아는 사람은 말하지 않고 말하는 사람은 알지 못한다."

노자(老子)『도덕경(道德經)』에 나오는 말이다. 한마디로 입은 다물고 귀를 열라는 소리다. 때론 말을 아껴야 할 때가 많다. 말이 말을 만들어 낸다. 발 없는 말이 천 리를 간다. 이처럼 말과 관련된 말들의 공통점은 모두 말을 줄여라, 말을 삼가라는 뜻이 많다. 그래서 공자가 '삼사일언(三思一言)'을 강조한 것 같다. 한번 말하기 전에 세 번 생각하라. 즉 세 번

신중하게 먼저 생각을 한 후에 한 번 조심해서 말하라는 뜻이다. 말이 많으면 허물이 늘어나고, 말이 적으면 바보라도 지혜롭다는 말처럼 말수를 줄이는 것도 말의 품격을 높이는 거다.

내가 직장생활을 할 때이다. 지인의 소개를 받고 새로 입사한 A 회사에서 첫 부서별 회의에 참석했을 때다. 참석자는 사장 입회하에 기획부, 재무부, 판매부 총 세 부서였다. 나는 기획부였고 당시 회의 주제는 신상품 개발과 매출 성장 및 목표 매출액 4분기 점검이었다. 결론만 말하면 1시간 동안 난 침묵만 지켰고 부서별 부서장들의 말에만 귀 기울이고 있었다. 내가 내린 결론은 세 부서 모두가 '올해는 이대로 마무리합시다.'였다. 한마디로 추가 기획, 투자, 판매에 대한 추가 안건을 원하지 않는 분위기였다.

회의가 끝나기 10분 전 대표가 내게 물었다. "이미 경험이 많으니 잘 이해했으리라 보고 어떻게 생각합니까?"라는 말에… 딱 한마디 했다. "좋은 생각인 것 같습니다. 올해는 부서장님들이 말씀하신 대로 하는 게 좋겠습니다." 결과가 어떻게 됐을까? 한마디로 "역시 경험이 많은 사람이 필요하다."라고 하면서 나를 높이 세웠다. 내가 한 것이라곤 회의 내내 잘 듣고 분위기에 맞춰 말했을 뿐이다.

입 다물고 있어서 50% 인정받고, 마지막 짧은 말 한마디로 50% 또 인정받았으니 난 그날 100% 신뢰받는 직원이 된 것이다. 나는 그날 경청의 힘과 말 한마디의 중요성을 확실히 깨달았다.

다음은 3가지 품격 있는 말을 위한 자세이다.

1. 군자는 절대 목소리를 높이지 않는다.

옛말에 '목소리가 큰 사람이 이긴다.'라는 말은 진짜 옛말이다. 현대 사회에 목소리가 크면 흥분 잘하고, 자기 절제가 안 되고, 교양 없는 사람으로 낙인찍힌다. 우리가 흔히 보는 목소리 크기 시합은 길거리에서 찾아볼 수 있다. 아마도 대한민국 운전자라면 모두가 한 번쯤 경험이 있으리라 본다. 나 역시 과거에 자동차 운전 중 목소리 크기를 자랑하는 분을 만난 적이 있다.

일방통행(一方通行)이란 한 방향으로 움직이도록 설계한 도로이다. 따라서 차량도 한 방향으로만 진입할 수 있다. 나는 평상시처럼 일방통행 길로 가고 있었다. 그런데 맞은편에서 승용차 한 대가 아무렇지도 않게 다가오는 것이었다. 문제는 여기서부터다. 이 골목길은 공간이 좁아 절대로 서로 빗겨서 지나갈 수 없다. 맞은편 운전자는 내 차 바로 앞에까지 와서 나보고 뒤로 차를 빼라는 손짓하며 소리를 질렀다. 그 운전자 말은 당신 차가 반 이상 진입했다는 것 같다. '賊反荷杖(적반하장)' 황당한 순간이었다. 그런데 재미있는 일이 발생한다. 내 뒤로 차량 두 대가 더 진입해 들어온 거다. 하지만 상대방은 여전히 고개를 내밀고 큰소리를 지르고 있었다. 나머지 상황은 상상하는 대로다. 결론만 말하면 상대는 한참을 소리만 질렀고 나를 포함 차량 세 대의 사람은 무대응 한 거다. 기가 막혀서 그랬는지 아니면 어이가 없어서 그랬는지 모르겠지만 난 어이가 없었다. 잠시 후 교통순찰차가 오면서 상황은 종료됐다. 누군가 상대의 무대포 정신을 용서할 수 없었던 것 같다.

이제 무대포로 목소리가 크다고 이기는 세상은 지났다. 특히 누군가와 협상을 하거나 분쟁의 상황이 온다면 더욱더 목소리를 낮추고 점잖게 해결해야 한다. 큰 목소리와 흥분한 상태에서는 절대로 내게 유익한 결과나 합의점을 만들어낼 수 없다. 인생은 매 순간 선택과 협상의 연속이라는 것을 잊지 말고 말의 품격을 갖춰야 한다.

2. 군자는 앞에서 하는 말과 뒤에서 하는 말이 다르다.

미국의 경영학자 피터 드러커는 "의사소통에서 제일 중요한 것은 상대방이 말하지 않은 소리를 듣는 것이다."라고 했다. 앞에서 한 말도 아니고 뒤에 한 말도 아닌, 말하지 않는 소리를 들으라고 하니 쉬운 일은 아닌 것 같다. 나는 피터 드러커의 이 말을 '가슴으로 마음의 소리를 들어라.'라고 해석하고 싶다. 오늘날 사람과의 관계에 있어 가장 많이 나오는 말이 '소통(疏通)'일 것이다. 그런데 이 소통이란 단어의 뜻을 살피면 '막힘없이 잘 통한다.'란 말로 나온다. 즉 상대와 내가 막힘없이 대화를 잘한다는 의미이다.

만일 내가 소통이 잘되는 조직에 있다면 동료들 간의 불필요한 갑론을박(甲論乙駁)은 사라질 것이다. 또한 경직되지 않은 분위기 속에 일하기 때문에 업무 중 발생할 수 있는 실언(失言)이나 실수(失手)는 줄어들 것이다. 이것이 바로 감정적 교류에서 오는 소통의 가장 기본적인 긍정적 효과이다. 따라서 이런 조직 문화에서 생활하는 사람들은 앞에서 말할 때와 뒤에서 말할 때가 별반 다르지 않다.

상대방 앞에서 말할 때는 항상 칭찬, 격려, 그리고 용기를 주는 말들로 가득하다. 또 상대가 없는 뒤에서 말할 때는 시기와 험담보다는 걱정, 기대, 그리고 용서와 같은 말들이 오갈 것이다. "아름다운 입술을 갖고 싶으면 친절한 말을 하라."라는 오드리 헵번의 말처럼 품위 있는 말을 구사하는 것도 좋겠지만 우선 아름다운 마음씨의 말을 먼저 해보는 것도 좋을 듯하다.

3. 군자는 입을 아끼고 호랑이와 표범은 가죽을 아낀다.

"君子愛口 虎豹愛皮"
(군자애구 호표애피)

그 뜻을 보면 제목처럼 '군자는 입을 아끼고 호랑이와 표범은 가죽을 아낀다.'라는 말이다. 가만히 문장을 살펴보면 호랑이와 표범에게 가장 중요한 게 뭘까? 생각해보면 바로 나온다. 두 짐승에게 무엇보다도 소중한 건 그들의 가죽(皮)이다. 그럼 군자에게 가장 소중한 것은 바로 '입(口)'이 되는 것이다. 다시 말해 군자는 말하는 것을 귀중하게 여겨야 하며 말할 때는 조심해서 해야 한다는 말이다.

공자는 『논어(論語)』 「위령공(衛靈公)」편에서 다음과 같이 말하고 있다. '사달이이의(辭達而已矣)' 다시 말해 인간의 말이란 그 뜻이 통달되는 것을 첫 번째로 삼는다는 것으로 말이나 글은 단지 의사표시 수단이라는 것이다. 화려하고 장황한 말보다는 간단명료하게 그 뜻이 정확히 전달되는 것을 중시한 말이다. 그래서 군자는 말을 아낀다고 하는 것이다. 말의 품격은 장광설(長廣舌)로 사람들을 현혹하는 게 아니라 '간단명료(簡單明瞭)'로 사실만 말하는 것이다.

04

전략적
사고로 바꿔라

인문고전을 처음 접하는 사람들은 '너무 어렵지 않아? 고리타분하거나 진부한 말들 아닌가?'라고 생각하는 사람들이 많다. 하지만 결론만 말하면 '아니다' 그리고 '틀렸다'이다. 인문고전은 생각보다 어렵지 않다. 그리고 할 만하다. 왜? 오늘날에는 좋은 책들이 많기 때문이다. 과거에는 대부분 원문으로 되어 있고 번역 역시 원문에 대한 뜻만 풀이한 내용이다 보니 재미가 있을 리가 없다.

사실 인문고전은 '今古一般(금고일반)'이라고 해서 옛날이나 지금이나 같다. 단지 오늘날 달라진 것은 원문의 뜻과 풀이 그리고 해설을 함께해서 재미를 더한 책들도 많고 또 대중적으로 각색된 도서들이 많다는 것이다. 따라서 이제는 누구나 접할 수 있는 재미있는 문헌이자 지혜서다.

"남을 아는 사람은 지혜롭다 할 수 있으나 자신을 아는 사람이야말로 참으로 밝다 할 수 있고, 남을 이기는 사람은 힘세다 할 수 있으나 스스로를 이기는 사람이야말로 참으로 강하다 할 수 있네." 바로 노자의 말이다. 인문고전을 정복하기 위해서는 우선 나를 먼저 잘 알아야 한다. 또한 독서를 할 때 가장 기본이 되는 꾸준함과 끈기도 함께 동반되어야 한다. 그래야 효과적이고 효율적인 전략적 독서 또한 가능한 것이다. 다음은 인문고전 독서를 위한 두 가지 전략적 사고다.

1. 자기 수준에 맞는 책으로 전략을 세워라.

현명한 군주는 심사숙고하고 훌륭한 장수는 신중히 처리한다는 말이 있다. 따라 해보면 현명한 독서가는 심사숙고해서 책을 선택하고 훌륭한 독서가는 자신의 수준에 맞는 책을 신중히 고른다. 그럼 자기 수준에 맞는 도서는 어떻게 선택하면 좋을까?(다음은 인문고전 책을 기준으로 설명하겠다.)

첫째: 관심이 있는 도서로 선택하기

둘째: 친밀성을 만들고 서서히 높여가기

셋째: 최소한 60% 이상 이해하기

우선 독서 수준은 나이와 전혀 상관없다. 절대로 착각하면 안 된다. 언뜻 보면 위 세 가지가 '무슨 기준일까?' 하고 생각할 수 있겠지만 분명히 상관이 있다.

첫째, 관심과 흥미가 있는 도서를 선택해야 끝까지 본다. 단순히 내 나이에 읽을 만한 것, 내 학력이나 수준에 읽을 만한 것으로 찾으면 절대 못 읽는다. 설사 읽는다 하더라도 끝까지 읽을 확률이 낮다. 먼저 인문고전 중에서 선택하는 것이니 처음부터 욕심을 부리지 말고 정말 쉽게 각색된 고전 책 중에서 선택하는 것이 좋다. 만일 자신이 없다면 교육용으로 나온 고전 만화로 가볍게 읽고 출발해도 된다.

둘째, 친밀성은 첫 번째의 연장선상이다. 관심과 흥미를 갖고 출발했기 때문에 책에 대한 부담이 적은 게 사실이다. 따라서 항상 가지고 다니면서 책과 친해져야 한다. 일단 자주 보면 신기하게도 책이 만만해진다. 이렇게 책과 친밀성이 생기면 서서히 그 강도를 높여주면 된다. 고전, 읽을 만한 책이군! 하면서 책과 대화해보기 바란다.

셋째, 첫 번째와 두 번째가 이루어지지 않으면 아무 의미가 없다. 관심과 흥미가 보통, 친밀성 보통, 그런데 책은 이해했다고 한다. 솔직히 말하면 책만 60% 이상 읽은 것이다. 만일 정말 이해했다면 글로 써보면 바로 답 나온다. 최소 7줄 이상 이해된 부분을 요약해서 써보는 거다. 분명히 말하지만 절대 쉽지 않다.

그래서 앞 두 단계가 이루어진 사람은 세 번째 60% 이상 이해하기가 충분히 되기 때문에 글로 옮겨 써도 제법 많은 내용을 쓸 수 있는 것이다. 또 이렇게 이해한 부분을 글로 쓰다 보면 자연스럽게 독서 인지능력도 향상된다.

2. 형 · 세를 구축하는 전략을 세워라.

손자(孫子)의 『손자병법(孫子兵法)』 「군형편(軍形篇)」에서 따온 인문고전을 위한 전략적 사고다. 먼저 책을 읽기 위한 계획을 형(形)으로 보고 선택된 책을 읽는 행위를 세(勢)로 본다. 다시 말해 형은 부동의 상태고 세는 유동의 상태로 보면 된다. 그래서 다음과 같이 몇 가지 전략을 만들어보았다.

첫째: 시간에 쫓겨서 책을 읽지 마라.
둘째: 유리한 고지에서 책을 읽어라.

셋째: 정확히 얻고자 하는 정보를 찾아라.

손자의 병법은 대부분이 유리한 상황을 만들고 주도권을 유지하는 것에서 출발한다. 전략적 책 읽기 역시 유리한 상황을 만들고 유지해야 꾸준한 독서가 이어진다고 생각한다.

첫째, 계획을 잘 세우고 형을 잘 갖춰야 한다. 형이 잘 갖춰지면 시간에 쫓길 염려 없이 주어진 계획 속에서 책만 읽으면 된다. 하지만 형이 제대로 갖춰져 있지 못하면 무계획 속에서 책을 읽어야 한다. 그렇게 되면 계속 시간에 쫓기게 되고 또 책 읽을 타이밍을 찾아야 하는 수고가 필요하다. 만일 형이 튼튼하다면 갑작스러운 변수가 생겨도 책을 읽는 데 있어 큰 영향을 주지 못할 것이다.

둘째, 유리한 고지에서 책을 읽기 위해서는 주도권을 내가 가지고 있어야 한다. 따라서 주변 환경이나 시간과 같은 요소들을 내가 주관적으로 이끌 수 있도록 형을 잘 준비해야 한다. 가령 가정, 학교 혹은 직장에서도 내가 책을 읽을 수 있는 공간을 미리 확보해놓는 거다. 이렇게 환경적으로 나만의 형이 구축되면 고민 없이 책만 읽으면 되고 시간이라는 세만 체크해주면 된다.

셋째, 무릇 독서는 배우고 익히는 또 다른 즐거운 행위이지 교육적이거나 학문적 평가를 위한 것이 아니다. 따라서 마음의 양식을 통해 지식을 쌓는다기보다는 지혜를 얻는다는 말이 더 어울릴 것 같다. 하지만 그렇다고 해서 아무 책이나 계획 없이 이 책 저 책 보는 것 역시 도움이 못 된다. 최소한 장르별 책 읽기가 이루어져야 하고 나아가 상위도서에 대한 확장 독서로 이어가면 훨씬 더 많은 도움을 받을 수 있을 것이다.

성숙한 책 읽기가 되기 위해서는 우선 내가 지금 책을 읽는 이유와 목적 정도는 갖고 있어야 한다. 가령 '이번 방학 기간 혹은 휴가 동안에 꼭 보고 싶었던 고전 책 한 권 정독하기!' 혹은 '책 속의 고전(한자) 어휘와 고사(사자)성어 공부하기!'처럼 말이다. 책을 읽을 때는 얻고자 하는 정보가 확실해야 동기부여도 되고 목표 의식을 가지고 끝까지 읽어나갈 수 있는 것이다.

시중에는 독서전략에 대해 여러 가지 다양한 방법으로 기술된 도서들이 많다. 하지만 그 전략과 방법을 그대로 적용하는 선에서 그치면 안 된다. 그러한 다양한 독서법을 하나씩 체득한 후에 나에게 맞는 나만의 독서전략과 방법을 세워야 한다. 분명히 사람마다 습관이나 습성이 다르기에 전략과 방법도 다를 수 있다.

05

지식이 아닌
지혜를 습득해라

우리 인간은 태어나는 순간부터 지식(知識)을 배우고 익히면서 성장한다. 그래서 많이 배운 사람은 똑똑한 사람이라고 하고 적게 배운 사람은 똑똑하지 않은 사람이라고 한다. 그럼 지식인은 배운 양에 따라 달라지는 걸까? 만일 그렇다면 가방끈이 긴 사람이 무조건 똑똑한 지식인이 되어야 한다. 하지만 현실은 전혀 그렇지 않다. 또 성공한 사람들은 모두가 가방끈이 긴 많이 배운 사람일까? 이 역시도 아니다. 그럼 왜 우리는 지식을 쌓아야 할까? 그리고 정확히 지식에 대한 정의가 뭘까?

지식은 우리가 어떠한 대상을 배우거나 실천함으로써 익힌 명확한 인식이나 이해를 말한다. 쉽게 말해 어떤 분야든 배운 내용을 알고 숙지한 상태를 말한다. 그렇다 보니 지식인은 문제가 발생하면 그 문제에 대한 해답을 바로 내놓는다. 그뿐만이 아니다. 문제 해결을 위한 방법과 주의도 함께 제시해준다. 우리는 흔히 그럴 때 '사람은 역시 똑똑해야 돼!'라고 말한다. 이처럼 지식인이 직면한 문제에 대한 이해력이 빠른 것은 살아오면서 배우고 얻은 데이터가 머릿속에 많이 쌓여 있기 때문이다.

물론 이 모든 건 지식인이 배운 내용을 그대로 숙지하고 있었을 때 가능한 일이다. 하지만 많이 배웠음에도 불구하고 해답을 내놓지 못하는 것에 대해서는 어떻게 설명하면 좋을까? 그래서 우리는 지식(知識)만으로 세상을 살아갈 수가 없는 것이다. 알버트 아인슈타인은 "지혜는 학교에서 배우는 것이 아니라 평생 노력해 얻는 것이다."라고 말했다. 우리는 인생을 살아가면서 끊임없이 지식을 배우고 익혀 나간다. 하지만 그 지식에 지혜가 수반되지 않으면 완전한 지식인이 될 수 없는 것이다.

그렇다면 지식이 아닌 지혜를 배우면 되는 걸까? 아니다. 지식과 지혜는 상호보완적인 관계다. 따라서 지식이 앞서도 안 되고 지혜가 앞서도 안 된다. 그럼 지혜(智慧)란 뭘까? 지혜는 우리가 알고 있는 내용을 넘어서 그 사물의 이치를 빨리 깨닫고 그 사물을 정확하게 처리하는 정신적 능력을 말한다. 그래서 지혜로운 사람은 이해력을 넘어 통찰력이 좋다고 한다. 이와 같은 맥락에서 지식을 넘어 지혜를 습득하라고 말하는 것이다.

난 우리 아이들에게 항상 하는 말이 있다. 책이나 경험을 통해 무언가 배우고 익혔다면 반드시 실행으로 옮겨 몸으로 체득하라고 말한다. 그래야 비로소 완전한 내 것으로 만들 수 있기 때문이다. 또한 우리가 진정으로 실천하고 실행한다면 우리의 지식을 지혜로 승화시킬 수 있다고 덧붙여 말한다. 군자는 끊임없이 배워야 한다고 말한다. 나 역시 지금도 '평생교육'이라는 의미를 되새기며 매일매일 배우는 중이다. 공자는 『논어(論語)』「헌문편(憲問篇)」에서 다음과 같이 말하고 있다.

"爲己之學 爲人之學"
(위기지학 위인지학)

"나를 위한 학문, 남을 위한 학문"

자기 자신의 본질을 밝히기 위한 '위기지학(爲己之學)'과 남을 위하여 학문을 하는 '위인지학(爲人之學)'에 대한 말이다. 과연 둘 중 어느 학문이 맞을까? 그 내용을 살펴보면 다음과 같다. 먼저 전자는 자기를 위한 학문이라고 해서 나에게 이익이 되는 물질적 추구를 위한 학문을 말하는 게 아니다. 오히려 나 자신의 인격 수양과 함양을 위해 덕을 쌓는 학문을 뜻한다. 또 후자는 남을 위한 학문이라고 해서 다른 사람을 돕기 위한 것이 아니다. 바로 자신이 타인에게 과시하기 위한 학문을 말한다. 다시 말해 출세를 위한 학문이라고 생각하면 된다.

이 두 문장에서 보듯이 자신을 위한 학문이나 남을 위한 학문이나 우리는 평생 교육에 대한 사고를 갖고 세상을 살아가야 한다. 그래야 우리가 살아가면서 얻는 다양한 지식과 경험을 승화시켜 지혜로운 사람이 될 수 있는 것이다. 그런데 현대인들은 '위기지학(爲己之學)'보다 '위인지학(爲人之學)'에 가까운 것 같다. 급변하는 경쟁 시대에 내면의 성찰에 관심이 있는 사람이 몇이나 되겠는가. 대부분 치열한 경쟁 속에서 살아남기 위해 안간힘을 쓰면서 살아가고 있다.

스펙 쌓기는 기본이고 잘하고 잘할 수 있는 것들을 내세워야 하는 그런 사회다. 그렇다 보니 자연스럽게 전자보다 후자에 무게 중심을 두는 건 당연한 일인지도 모른다. 하지만 인간이란 외강내유(外剛內柔)보다는 외유내강(外柔內剛)이 뒷받침되어야 한다고 본다. 인간은 지식이 지혜가 되도록 파고들어 완전한 깨달음에 이를 때까지 학습해야 한다고 옛 성현들은 말한다. 중국 사서의 하나인 『대학(大學)』에 나오는 '격물치지(格物致知)'가 그 예다.

"格物致知"

(격물치지)

'격물치지(格物致知)'는 동양 인문(학)의 거장들도 공부한 학습법 중의 하나이다. 그 뜻을 다시 나누어서 살펴보면 사물의 이치를 깊이 연구하는 '격물(格物)'과 또 그 이치를 알고 지식을 넓히는 것인 '치지(致知)'로 나눈다. 사실 『대학(大學)』의 8조목으로 된 내용 중 처음 두 조목을 가리키는 말이기도 하다. 두 말을 합하여 다시 풀이하면 '사물(事物)을 깊이 끝까지 파고들어서 완전하게 앎에 이르는 것을 말한다.' 그래서 다산 정약용은 "격물치지 없는 독서는 백 번, 천 번 읽어도 전혀 읽지 않은 것과 같다."라고 말하는 것이다.

그럼 인문고전을 중심으로 격물치지를 위한 세 가지 방법에 대해 알아보자.

첫째: 인문고전을 읽다 보면 분명히 난해한 어휘나 문구를 만나게 된다. 그럴 때마다 단순히 어휘의 뜻만 보지 말고 글자의 원뜻과 의미를 찾아 기록해보기 바란다. 만일 이해가 안 된다면 다른 상위 정보를 통해서라도 확실히 이해될 때까지 반복해서 읽고 사색하는 습관을 들여야 한다. 그러면 시간이 지날수록 쌓이는 정보가 많아져 뒤로 갈수록 이해가

빨라지게 된다.

둘째: 이미 전략적 독서법에서 거론했던 방법인 나만의 인문 노트를 활용하는 것이다. 사실 인문 노트를 만들고 작성하다 보면 반복적 읽기와 학습이 자연스럽게 이루어지게 되어 있다. 또한 손으로 쓰면서 익히는 과정이 동반되어 나도 모르게 몸으로 체득되는 것이다.

셋째: 꾸준한 노력과 끈기가 필수다. 격물치지는 할 수만 있다면 누구에게나 훌륭한 스승과도 같은 학습법이다. 전 삼성전자의 1등 공신 윤종용 부회장도 격물치지를 그의 성공 비결로 거론했고 퇴임 시 친필로 붓글씨를 써서 현 이재용 부회장에게 선물했다고 한다. 또 LG그룹 전 구자경 회장도 입사 초년생들에게 격물치지에 대해 필요와 중요성을 언급했다고 한다.

이처럼 최고 경영자들도 꾸준한 노력과 끈기로 격물치지에 힘썼다고 하니, 우리도 최고가 되기 위해서는 한 번 해봐야 하는 게 맞지 않을까 싶다.

06

먼저 행하고
결과를 기다려라

소통(疏通)이란 막힘없이 서로 뜻이 통하고 오해가 없는 걸 말한다. 그럼 의사소통이란 가지고 있는 생각이나 감정을 글이나 문자 혹은 몸짓으로 표현해 그 의미나 뜻을 전달하는 총체적 행위를 말한다.

그럼 우리는 언제 소통이 어렵다고 생각할까?

첫째, 상대에게 처음 말을 건넬 때

둘째, 상대방이 하는 말을 계속 들어줄 때

셋째, 상대방을 말로 설득해야 할 때

이처럼 소통할 때 힘든 요인으로 꼽는다면 위 세 가지 정도로 나눌 수 있을 것 같다. 우리는 흔히 소통은 일방통행(一方通行)이 아니라 양방통행(兩方通行)이라고 말한다.

다시 말해 서로 말을 주거니 받거니 해야 한다는 소리다. 그런데 만약 서로 대화가 막힌 것처럼 교통체증(交通滯症)의 상황이 오면 어떻게 될까? 빠른 길을 찾겠다고 돌아가보겠지만 시간만 낭비하는 것이다.

소통도 똑같다. 대화를 이어가기 위해 둘러서 말해봐야 시간 낭비다. 이럴 때는 잠시 쉬어간다는 생각으로 묵묵히 기다려줄 줄도 알아야 한다. 상대와 대화가 안 된다 해서 인상을 찌푸리거나 화부터 내지 말고 잠시 마음을 비우고 상대방을 기다려줄 줄 아는 여유를 가져야 한다. 다음 장자의 말을 들어보자.

"心齋虛而待物"
(심재허이대물)

이 말은 '마음을 비우고 상대방을 기다리는 것이다.'이란 뜻이다. 다시 말해 마음을 비우고 상대방과 소통하고자 할 때 상대도 받아들인다는 것이다. 바로 이것이 장자가 말하는 '심재(心齋)' 비우는 것이다.

우리는 인생을 살아가면서 많은 사람과 만나고 이야기한다. 또 이야기 하면서 다투고 타협하거나 설득하고 설득당하면서 살아간다. 그래서 때로는 나의 이야기를 들려주고 때로는 상대방의 이야기를 들어야 할 때도 있다. 하지만 무엇보다도 힘든 건 내가 원하는 것들을 상대방에게 설득할 때이다. 그것이 아무리 옳고 바른 일이라도 상대방이 듣고자 하는 마음이 없다면 아무 소용이 없다.

나 역시 마찬가지다. 내 마음을 닫고 상대의 말을 들으면 눈앞에 금덩이도 돌로 보이는 것이다. 따라서 언제나 상대방과 소통할 때는 내가 먼저 마음을 열고 결과를 기다려보는 것도 좋다.

부부싸움은 칼로 물 베기라고 했다. 이 말은 부부싸움을 해 봐야 베이지 않는 물을 베는 것처럼 다시 제자리로 쉽게 갈 수 있음을 말하는 것이다. 나는 결혼 생활을 하면서 크게 부부싸움을 해본 적이 없다. 굳이 하나를 꼽는다면 신혼 초에 하는 신경전? 기세 싸움? 뭐 그런 비슷한 것을 한 적은 있지만, 그 외는 없다. 그런데 우리 부부가 부부싸움을 하지 않는 이유가 뭘까? 잉꼬부부라서? 아니면 하늘이 마련해준 인연, 천생연분(天生緣分)이라서? 둘 다 맞지만 완전한 답은 아니다.

나는 부부싸움이 일어나기 전에 기분이 상했거나 화가 나면 그 순간 말을 안 한다. 한마디로 대화가 딱 끊어지는 거다. 그러니 부부싸움이 일어날 수가 없다. 부부싸움도 소통인데 아내 혼자 일방통행 해봐야 재미 없을 것이다. 그런데 그런 상황이 반복되다 보니 그냥 말만 안 하는 게 아니라 마음도 함께 멀어진다는 걸 알았다. "이건 정말 아닌데."라고 말 하며 뭔가 방법을 바꿔야겠다고 생각했다. 그래서 생각한 방법이 '화나도 기분 나빠도 일단 참고 소통하자!'였다. 처음에 시도했던 방법은 잠잘 때 천장을 보고 나란히 누워서 대화로 푸는 거였다.

그런데 이 방법은 간단히 다툰 일에 대해선 해결된다. 하지만 좀 심하 게 다툴 만한 일에 대해선 해결이 안 된다. 왜? 상대가 얘기를 듣다가 자 세가 편하다 보니 자버린다. 이건 실화다. 한번은 아내와 다투다가 잘잘 못을 따지게 되었다. 결과는 아내의 열세(劣勢) 그리고 나의 우세(優勢) 였다. 기세등등(氣勢騰騰) 아내에게 잔소리를 늘어놓았다. 역시 나란히 침대에 누워 천장을 바라보고 말했다. 하지만 들려온 건 "미안해요."가 아니라 "드르렁~ 드르렁~" 나는 그날 이후 절대로 침대에 누워서 대화 하지 않는다. 무조건 앉아서 대화한다.

이제는 이와 비슷한 상황이 오면 일단 참고 내 마음이 진정될 때까지 시간을 갖는다. 또 어느 정도 진정이 되면 아내에게 말을 꺼낸다. 그다음 내 생각을 전달해주고 아내의 생각과 판단이 나올 때까지 결과를 기다려 준다. 처음에는 결과에 대한 아내의 답변 시간이 조금 걸렸지만 결혼 연차가 제법 되다 보니 이제는 바로 나온다. 그럼 반대로 아내도 내게 말을 건네주고 결과를 기다릴 때가 있을까? 아쉽게도 그럴 일은 없다.

왜? 난 그런 상황이 오면 아내에게 바로 사과부터 한다. "아~~ 그럴 수 있겠네. 미안 내가 잘못 생각했네." 혹은 "죄송합니다. 내 잘못이 맞습니다." 그렇게 내가 바로 사과할 때면 아내는 가끔 나보고 얄밉다고 말한다. 군자는 말보다 행동을 먼저하고 언제나 그 결과를 기다려야 한다. 군자의 말과 행동에 대해서 공자(孔子)는 다음과 같이 말하고 있다.

"君者欲訥於言 而敏於行, 君子恥其言 而過其行"
(군자욕눌어언 이민어행, 군자치기언 이과기행)

"군자는 말은 과묵해도 행동은 민첩해야 한다."
"군자는 말하는 것이 행동하는 것보다 지나치면 부끄러운 줄 알아야 한다."

군자는 언제나 과묵해도, 행동함에 있어서는 민첩하게 움직여 그 일을 행하고 또 그 일에 관한 결과를 기다릴 줄 알아야 한다는 말이다. 가령 조직의 리더는 특히 민첩하게 행동해야 한다. 조직의 흥망성쇠(興亡盛衰)를 손에 쥐고 있는 사람이 리더이기 때문이다. 따라서 앞으로 나아갈 때나 물러날 때의 시기를 잘 파악하고 빠르게 행동하고 결과를 기다리 줄 아는 과묵함이 필요하다.

또 군자는 말을 너무 쉽게 해서도 안 된다고 말한다. 말이 많은 사람은 행동으로 옮기지 않는다. 말이 많은 사람은 실천하지도 않는다. 이렇듯 쉽게 말하고 행동하지 않고 실천하지 않는 사람은 부끄러워해야 한다는 게 공자의 생각이다. 그리고 말이 행동을 앞서는 것을 경계하고 있다. 나 역시 매사에 말을 아끼려고 노력하고 있으며 내가 한 말에 대한 책임을 꼭 지려고 한다. 마지막으로 종합해서 한 줄 논평으로 정리하면, "먼저 민첩하게 행하고 말을 아끼고 과묵하게 결과를 기다리는 사람이 되어보자."

07

생각하고,
토론하고, 실천하라

"당신이 만약 참으로 열심히 하고 있다면 '나중에'라고 말하지 말고, 지금 당장 이 순간에 해야 할 일을 시작해야 한다."

바로 괴테가 한 말이다. 우리는 지금 무엇을 가장 열심히 하고 있을까? 일, 운동, 배움 혹은 독서…? 만약에 그중 독서라면 지금부터 인문고전 독서로 참으로 열심히 해보는 건 어떨는지 싶다. 괴테의 말처럼 '나중에'가 아닌 '지금에' 말이다.

나는 우리 집에 아침 독서문화를 만들어보려고 부단히 노력한 적이 있다. 그래서 언제나 상탁하부정(上濁下不淨)한 마음으로 아침을 시작한다. 옛말에도 있지 않은가. '윗물이 맑아야 아랫물도 맑다.'라고. 나는 집에서 아이들에게 교육이 필요하거나 훈육을 해야 할 일이 생기면 어김없이 먼저 시작한다. 이쯤 되면 아침 독서 문화를 어떻게 시작했는지 감이 오리라 본다.

독자의 생각이 분명히 맞다. 하지만 단순하게 시작한 적은 한 번도 없다. 왜? 인문고전을 통해 나도 배우고 깨달았으니까. 본론으로 들어가면 우선 제목처럼 세 가지를 먼저 실행해야 한다. 다시 말해 어떻게 생각하고, 어떻게 행동하고, 어떻게 실천할지를 고민하는 거다. 그래서 다음과 같이 계획을 세워봤다.

첫째, 생각하기
둘째, 하루 10분 독서하기
셋째, 10분 토론하기

이렇게 간단히 규칙을 정하고 매일 아침 기상과 함께 아이들과 거실 소파에 모여 앉았다. 드디어 아이들과 함께 하루 10분 인문고전 독서가 시작되는 영광의 순간이었다. 생각보다 첫째 아들과 첫째 딸아이가 정말 잘 따라와줘서 순조롭게 시작되었다. 난 아직도 그때를 생각하면 너무너무 자랑스럽고 기쁘다. 그렇게 시작한 아침 독서는 훌륭한 결실을 안겨주었다.

첫째 아들은 『손자병법(孫子兵法)』을 그리고 첫째 딸은 『논어(論語)』를 완독하는 쾌거를 이룬다. 그 후로 아침 독서는 자유 독서로 바꿨다. 현재 우리 아이들은 독서에 대한 거부감이 없다. 그래서 난 얼마나 다행인지 모른다.

사실 이 장의 제목은 아이들과 하루 10분 인문고전 독서를 할 때 생각했던 것이고 또 아이들과 그대로 실천했던 방법을 순서대로 나열한 것뿐이다. 그럼 조금 자세히 살펴보자.

첫째, 인문고전 독서에서 가장 필요한 자세는 '생각하기'이다.
둘째, '생각하기'를 했다면 그다음으로 '토론하기'가 이어져야 한다.
셋째, '토론하기'로 이어졌다면 반드시 '실천하기'로 마무리해야 한다.

사마천은 "배우길 좋아하고 깊이 생각하면 마음으로 그 뜻을 알게 된다."라고 말했다. 책 읽기를 좋아하고 읽은 책을 깊이 생각하고 읽은 책 속의 내용을 서로 토론하다 보면 어느새 내 마음에 그 뜻이 자리 잡고 있다. 절대 어렵지 않다. 단지 시작하기가 어려울 뿐이다. 그래서 좀 더 쉽게 접근할 수 있도록 상세히 풀어서 이야기할까 한다.

톨스토이가 "행위가 인생이 되고 곧 운명이 되는 것입니다. 이것이 바로 우리 인생을 지배하고 다스리는 법칙입니다."라고 말했듯이 우리는 생각하고 마음먹었다면 일단 무조건 행동으로 옮겨야 한다. 생각만 하고 행동이 뒷받침되지 않는다면 그건 공상이나 망상에 불과한 것이다. 나는 아이들과 아침 독서를 시작하기 전에 일주일 이상을 생각했던 것 같다. 과연 어떻게 시작하면 아이들이 부담이 없을까? 어떻게 시작해야 자연스럽게 따라올 수 있을까? 또 아이들이 거부하면 어떻게 해야 할까?

사실, 이 외에도 정말 많은 생각을 노트에 적었다 지웠다 하면서 고민을 했다. 지금은 편하게 말하지만, 그때는 정말 생각의 연속이었다. 그런데 신기하게도 이런 행동들이 인문고전을 접하고 나서부터 생긴 습관이다.

누군가 내게 인문고전과 함께하면서 바뀐 것이 무엇이냐고 묻는다면, 나는 그중에 하나가 어떤 일을 구상할 때 생각과 준비를 많이 하는 습관이라고 말하고 싶다. 다시 말해 바로 행동하는 게 아니라는 것이다. 그 습관 덕분에 내 일생 기록에 아이들과 함께하는 아침 독서가 운명적으로 성공할 수 있었다고 본다.

"정보나 지식은 머리로 이해하는 것이 아니라, 행동으로 옮기고 실천해야 한다." 바로 앤서니 로빈스의 말이다. 앞에서 언급했듯이 깊이 생각하고 시작하는 행위가 머리로 이해하는 과정이라면 이제 행동으로 옮겨야 한다. 바로 독서 내용을 토론해보는 거다. 사실 이 부분이 제일 걱정했던 부분인데 고맙게도 두 아이가 잘해주었다. 하루 10분 읽기라고 하지만 고전 책의 특성상 어떤 단락은 10분이 안 되고 또 어떤 단락은 10분이 넘을 때도 있다.

그렇다 보니 시간에 대한 유연성이 필요했다. 또 아이들에게 각자 다른 책을 읽히게 한 것 또한 모험이었다. 사실 생각은 두 마리 토끼를 잡기 위한 꼼수였지만 잘한 선택이었던 것 같다. 왜냐하면 두 아이의 나이 차가 3년이다. 많다고 할 수도 있고 적다고 할 수도 있다. 하지만 본의 아니게 같은 책이었다면 서로 비교평가가 됐을 것이다. 그럼 분명히 두 아이 중 한 아이는 완독하지 못했을 뿐만 아니라 책 읽기에 대한 거리감 또한 생겼을지도 모른다.

나이 차이가 3년 정도라고 하지만 초등 6학년과 초등 3학년 때로 기억한다. 충분히 상처받을 수 있는 나이다. 같은 책과 같은 내용으로 할 때

서로 주관적 입장의 차이가 너무 많이 나게 되면 문제가 될 수밖에 없다. 참! 토론하기 전에 생각하기를 꼭 먼저 할 수 있도록 해라.

토론하고 실천하라

"할 수 있다고 믿는 사람만이 정복할 수 있다. 한번 실천해본 사람은 다시 하는 것을 꺼리지 않는다."라는 토머스 에디슨의 말이 있다. 내용만 봐도 에디슨다운 말이다. 토론하기 전에 앞서 거론했듯이 각자의 생각을 말하게 유도해야 한다. 에디슨의 말처럼 한번 책을 읽고 자기만의 느낌과 생각을 말하는 경험과 실천이 동반되어야 한다. 그럼 다음부터는 자기 자신(自己自身)이 할 수 있다고 생각하기 때문에 아무런 저항 없이 토론에 참여하게 되는 것이다.

주의할 점은 항상 하는 이야기이지만 책 읽기는 즐거움이다. 강요나 강압에 의한 책 읽기는 아이와 어른을 막론하고 또 하나의 학습이고 일이 되는 것이다. 잘못된 시작은 처음엔 모르지만, 시간이 지나고 나면 언제나 문제점이 발생한다. 내가 감사하게 생각하는 것은 노력에 대한 결실을 얻게 해준 두 아이의 더 큰 노력이다. "보다 나은 인간이 되기 위해 애쓰면서 사는 것보다도 더 훌륭한 삶은 없다. 그리고 실제로 보다 나아지고 있음을 느끼는 것보다도 더 큰 만족감은 없다." 바로 소크라테스의 말이다. 이처럼 우리 셋은 생각, 토론 그리고 실천을 통해 조금 나아진 인문고전 독서자가 된 역사적인 날을 함께했다. 여담이지만 훗날 독서 토론에 아내가 함께한다. 이 이야기는 내가 다른 책을 집필할 때 꼭 하도록 하겠다.

08

자신의
가치를 높여라

자신의 가치를 높여라. 현대 사회에서 자주 등장하는 말 중 하나다. '그럼 자신의 가치를 어떻게 높이면 좋을까?' 또 '자신의 가치는 어떻게 평가하면 좋을까?'라는 다양한 생각을 할 수 있다. 우리는 우리 자신에 대한 가치를 위해 자기 스스로를 돌아볼 필요가 있다. "자신을 믿어라. 자신의 능력을 신뢰하라. 겸손하지만 합리적인 자신감 없이는 성공할 수도 행복할 수도 없다."라는 노먼 빈세트 필의 말처럼 우리는 자신을 믿고 신뢰하며 자신감을 갖춰야 한다.

그럼 자신감(自信感)과 자존심(自尊心)은 뭘까? 먼저 자신감(自信感)

이란 '자신(自信)이 있다'와 '느낌(感)'이 합쳐진 말이다. 그래서 어떤 것이든 할 수 있다는 '자신이 있다는 느낌'의 뜻이다. 그리고 자존심(自尊心)은 사전적 의미로 '남에게 굽힘없이 스스로 자신의 품위를 지키는 마음'이다. 우리가 자신의 가치를 높이기 위해서는 이처럼 자신감과 자존심이 뒷받침되어야 한다. 헬렌 켈러가 "절대로 고개를 떨구지 말라. 고개를 치켜들고 세상을 똑바로 바라보라."라고 했듯이 남에게 굽힘없이 나의 품위를 지켜야 한다. 그리고 무엇이든 자신 있게 할 수 있다는 마음 자세가 있어야 자신의 가치를 높일 수 있는 것이다.

자신의 가치를 높이기 위해 알아볼 마지막 용어는 바로 자존감(自尊感)이다. 현대 사회에서 우리 개인에게 가장 필요로 것이 무엇이냐고 묻는다면 주저 없이 자존감이라고 말할 것이다. 그럼 정의부터 알아보자. 자존감이란 자아존중감(自我尊重感)의 준말이다. 또 자신의 능력과 가치에 대한 전반적인 평가가 외적인 인정이 아니라 내적인 자신의 사고와 가치에 의해 결정되는 걸 말한다.

다시 쉽게 말하면 자신을 존중하고 사랑하는 마음이다. 데일 카네기가 "자신의 능력을 완전히 신뢰하기만 한다면 무슨 일이든 반드시 할 수 있다."라고 말한 것처럼 자존감은 역시 자기 자신의 능력을 믿고 어떤 일이라도 성취할 수 있다는 일종의 자기 확신이기도 하다.

이처럼 자신의 가치를 높이기 위해 나 자신과 관련된 주요 용어들을 먼저 정리해보았다. 언뜻 보면 우리가 흔히 접하는 용어들이라 쉽다고 생각할지도 모른다. 하지만 실제로 물으면 '자신감, 자존심, 그리고 자존감' 이 세 가지를 제대로 구분해 말하기가 쉽지만은 않다. 앞 장에서 언급한 하루 10분 인문고전 독서 프로젝트는 아이들의 자존감을 높이기 위한 일종의 도전과제이기도 했다.

자존감은 그 뜻에서 알 수 있듯이 평가를 자기 스스로 내린다. 그렇다 보니 자연스럽게 자기 자신을 높이 평가하면 자존감이 강하다고 하고 자기 자신을 낮게 평가하면 자존감이 약하다고 하는 것이다. 문제는 이 자존감에 따라 사람의 처세가 달라진다는 거다. 다음을 살펴보자

자존감이 강한 사람

- "나는 최고야." "나는 무엇이든 할 수 있는 사람이야.
  나는 나를 사랑해."
- 나를 소중히 여긴다.
- 타인과 긍정적인 관계를 갖는다.
- 학교나 직장에서 언제나 자신감을 보인다.
- 위기 상황에서도 흔들림이 없다.

– "나는 안 돼." "나는 잘 할 수 있는 게 없어. 나도 내가 실망스러워."

– 나를 소홀하게 대한다.

– 타인과 원만한 관계를 맺지 못한다.

– 학교나 직장에서 항상 의기소침해 있다.

– 위기 상황에서는 늘 불안해하고 뒤로 물러선다.

자존감은 시간과 환경 그리고 자신의 경험과 성취에 따라 확실히 변한다. 그래서 자존감을 높이기 위해 꾸준히 노력할 필요가 있는 것이다. 자아 성찰, 학습, 경험, 그리고 반성 등으로 자존감을 높일 수 있는 성인과는 달리 아이들이나 청소년의 경우는 우리가 자존감을 높일 수 있도록 조력을 잘 해줘야 한다. 나 역시 아이들과 함께한 아침 독서하기와 독서 토론하기는 아이들의 자존감을 높이기 위한 수단이기도 했다.

또한 실제로 두 아이가 고전 책을 완독하고 난 후 책 읽기에 대한 자신감과 자신에 대한 자존감이 확실히 높아졌다. 책을 선택하는 수준이나 책을 읽고 평가하는 수준 또한 좋아졌다. 우리는 지금까지 자신의 가치를 높이기 위해 자신감, 자존심, 그리고 자존감까지 알아보았다. 무엇보다도 중요한 건 이 세 가지 모두가 나의 노력에 따라 얼마든지 바뀔 수 있다는 거다. 그러니 절대 잊지 말고 다음 자신의 가치를 높일 수 있는 방법을 살펴보자.

1. 자신감을 넘어 자존감을 가져라
2. 자기 자신에게 다짐하라
3. 당당한 자세를 유지하라
4. 적을 만들지 마라
5. 충고의 말을 감사히 생각하라
6. 상대방을 인정하라

우선, 앞 세 가지는 나와 관련된 것이고 나머지 뒤의 세 가지는 상대와 관련된 말이다. 참고하고 하나씩 살펴보기로 하자.

1. "난 할 수 있어!"라는 말과 함께 자신감으로 똘똘 뭉쳐야 한다. 물론 조심성 없는 자신감이나 준비되지 않은 자신감은 오히려 해가 될 수 있다. 하지만 그런 무모함을 제외한 자신감으로 출발해보자. 그럼 어느 순간 자신감에서 자존감으로 올라서서 '난 할 수 있어!'에서 '역시 난 뭐든 할 수 있어! 내가 최고야!'가 되는 것이다. 또 "하루 10분 인문고전 독서의

힘! 내가 제일 잘 읽고 실천하는 것 같아. 아주 훌륭해!"라고 말할 수 있게 된다. 싯다르타가 말한 '세상에서 내가 제일 존귀하다.'를 가슴에 새겨두면 좀 더 쉬워질 거다.

2. 가능한 '미안해' '죄송합니다'보다는 '다음엔 더 잘할게' '분명히 더 잘할 수 있어요'처럼 긍정적 메시지를 전달하는 게 좋다. 물론 자기 잘못에 대한 사과의 말을 하는 것은 중요하다. 하지만 그런 상황이 아닌데도 불구하고 자신을 낮추는 말은 가능한 피하는 게 좋다. 왜냐하면 '미안해'가 습관이 되면 모든 일이 '미안해'가 될 수 있다. 그래서 자기 자신을 향해 '다음에 잘하면 되지, 난 다음에 정말 잘할 수 있어.'라고 다짐하고 또 다짐하는 게 중요하다.

3. 학교나 직장 그 외 모든 곳에서 누군가와 함께해야 한다면 언제나 당당한 자세를 유지해야 한다. 하나도 어렵지 않다. 머리 들고, 어깨 펴고, 가슴 펴고, 그리고 시선은 정면을 응시하고 당당한 걸음걸이로 사람들에게 다가가면 된다. 그리고 마지막 신의 한 수는 당당한 말투로 말하면 된다. 사실 이런 내용은 우리가 살아오면서 부모님께 많이 들었던 말들이다. 나 역시 자라면서 어머니께 항상 들던 말이다. 하지만 항상 말했듯이 행동이 뒤따라야 한다. 그래서 괴테는 "행실은 각자가 자기의 이미지를 보여주는 거울이다."라고 말하는 거다. 오늘부터 당당한 자신의 모

습을 거울로 확인해보기 바란다.

4. 인간관계에서 굳이 '당신은 나쁜 사람이고 나는 좋은 사람이다. 당신 말이 틀리고 내 말이 옳다.'라고 말이나 행동으로 확인할 필요는 없다. 그 순간 나는 그들의 블랙리스트에 등재되는 것이다. 그런 부류의 사람들은 이미 알면서도 그렇게 행동한다. 혹 모르고 했다 하더라도 내가 나설 일이 아니면 지나쳐줄 줄도 알아야 한다. 우리는 법 집행관도 암행어사도 아니다. 매사에 일일이 쫓아다니면서 말할 필요는 없다. 그런 나의 수고가 시간이 지날수록 화를 불러오는 것이다. 한두 번의 귀띔이나 조언으로 원활한 관계를 유지해야 나의 가치가 올라가는 거다.

5. 사람들은 누구나 자기가 듣고 싶은 말만 듣는다. 조금이라도 싫은 말은 겉으론 받아들이는 것 같지만 되돌아서면 기분이 나쁜 거다. 그래서 흔히 '누가 누굴 탓해'라는 말이 나오는 거다. '나도 못 하는데 내가 뭐라고 남한테……' 혹은 '자기도 못 하면서 왜 나한테…' 이런 마음가짐이 제일 안 좋은 거다. 그래서 앞서 언급했듯이 적대관계를 맺지 않는 처세와 다른 사람의 말에 경청하고 귀 기울일 줄 아는 겸손함이 필요하다. 작고 사소한 교정이 쌓이고 쌓이면 가치 있는 품격으로 승화되는 것이다.

6. 세상에서 제일 힘든 게 상대방을 칭찬하고 인정하는 게 돼서는 안

된다. 나의 가치를 인정받고 나의 가치를 높이고 싶다면 내가 원하는 만큼 상대방을 인정하고 높여줘야 한다. 자기 자신의 가치를 깎아내리는 것도 문제지만 다른 사람의 가치를 깎아내리는 건 더욱더 문제가 된다. '가는 말이 고와야 오는 말이 곱다.'라는 말도 있듯이 상대를 대할 때 진실한 마음으로 대한다면 상대방도 나에게 똑같이 대하게 된다.

여기까지 자신의 가치를 높이는 여섯 가지 방법에 대해 알아보았다. 마지막으로 자존감을 높이고 자신의 가치를 높이기 위해 지금부터 다음의 말을 되새기며 하루를 시작해보길 바란다.

"아낌없이 칭찬하고 아낌없이 사랑하라."

5장

인문고전으로
기적을 만나라

-

책을 읽는다는 것은 많은 경우에,
자신의 미래를 만든다는 것과 같은 뜻이다.

- 랄프 왈도 에머슨 -

변화를 주지 않으면
아무것도 안 된다

"참된 음악가는 음악을 즐기는 사람이고, 참된 정치가는 정치를 즐기는 사람이다. 모든 즐거움은 힘, 곧 활동을 전제로 한다. 활동이 없는 곳에선 즐거움이 있을 수 없다." 바로 아리스토텔레스의 말처럼 참된 즐거움을 인문고전에서 찾아보면 어떨까 싶다.

나를 변화시키는 일은 그렇게 어렵지 않다. 하루 10분 인문고전 독서만으로도 큰 변화를 만들어낼 수 있다. 의지만 있으며 되고 또 의식만 바꾸면 된다. 하루 10분 작은 실천에서 오는 큰 기쁨을 만들기 위해 우리는 무엇을 해야 할까? 함께 고민해보자.

이른 아침에 하루의 일과를 시작하는 사람들을 우리는 아침형 인간이라고 한다. 우리는 사람들을 시간대에 맞춰 세 분류로 말한다. 아침형 인간, 저녁형 인간, 그리고 야행성 인간이다. 그중 내가 바라는 인간형은 아침형 인간이다. 그럼 우리 가족은? 아쉽지만 우리 가족은 아침형 인간이 아니다. 혹시 앞 2장 7꼭지에서 언급한 건강을 위한 금연과 걷기 훈련을 기억할지 모르겠다. 독자의 기억을 더듬기 위해 간단히 당시 담당 의사의 말을 다시 언급한다. "지금 검사 결과는 이상 없지만, 다른 문제가 발생할 수 있습니다." 그러니 "우선 금연부터 하세요." 그리고 "가슴의 통증은 심장이 문제입니다. 심장을 튼튼하게 하려면 걸으세요."

그래서 내린 결정이 금연 클리닉과 대중교통 이용하기! 이제 생각이 날 거다. 사실 그때 또 하나의 토끼잡이는 아침형 인간 습관 길들이기였다. 기회가 너무 좋았다. 어차피 애지중지(愛之重之)하던 자동차를 팔아야 했고 대중교통을 이용했어야 하기에 자연스럽게 일찍 일어나야 한다는 명분이 생긴 것이다. 이 얼마나 좋은 기회인가.

셰익스피어가 "기회가 왔을 때 잡아야 한다. 그렇지 않으면 행운을 놓치게 될 것이다."라고 그랬듯 난 그 기회를 잡았고 나부터 변화를 주면 우리 가족도 바꿀 수 있다고 생각했다. 그날부터 나는 5시 반 기상과 함께 책 읽기로 하루를 시작했다.

내가 처음 아침형 인간 습관 길들이기를 할 때는 정말 조용히 쥐도 새도 모르게 시작했다. 이유는 하나 언제나 그렇듯 나부터 완전한 습관을 들이고 식구들과 함께하기 위함이다. 나는 항상 내가 직접 실천하지 않은 것들은 말하지 않는 성격이다. 그런 습관은 돌아가신 어머님으로부터 배운 하나의 습관이다. 어머님은 언제나 내게 이런 말씀을 하셨다. "애야, 엄마가 용이에게 시키는 모든 일은 엄마도 어려서 해봤고 할 수 있었기에 시키는 거야. 엄마도 했는데 우리 용이가 못 할 이유가 없지!" 항상 그러셨다. 지금 생각해보면 새로운 시도를 할 때나 무언가 도전할 때면 언제나 어머니께서는 그렇게 말씀하셨다.

아침형 인간 습관 길들이기를 한지 꼬박 한 달이 되었을 때 서서히 아내와 아이들에게 표현하기 시작했다. 그런데 재미있는 사실이 있다. 인간이란 동물은 궁금하면 더 알고 싶어 하는 습성이 있다. 그 한 달 동안 아무 말도 하지 않은 이유가 바로 이런 습성 때문이다. 혹자는 인간이 궁금하면 뇌에서 화학반응이 일어 참지 못하는 것이라고 말하고 또 뇌에서 궁금한 것을 알아냈을 때 보상 물질이 나와 기분이 좋아진다는 말도 들었겠지만 난 순수 개인이 가지는 성향이나 성격으로 해석하고 싶다.

이 책은 뇌과학 도서가 아니기에 더 들어가면 복잡할 것 같다. 그렇게 궁금해하던 가족은 이른 시간은 아니지만 조금씩 평소보다 일찍 일어나기 시작했다. 결국 궁금해했던 아내와 아이들은 자의반타의반(自意半他意半)으로 아침형 인간 습관 길들이기에 함께 도전하게 된다. 그때를 생각하면 나는 첫째 아들에게 제일 고마움을 느낀다. 가장 완벽하게 그리고 정확하게 따라주었기 때문이다. 첫째 딸아이도 대단하다. 세 살 차이임에도 이런 생활 습관에 있어서는 절대 뒤지지 않는다. 지금도 두 아이는 확실히 아침형이다. 문제는 팬데믹 시대를 맞이하면서 아이들의 아침 생활 습관이 완전히 망가졌다는 거다.

코로나19가 발병된 초기에서 중하반기까지는 정말 심각했다. 한마디로 패턴이 깨져버린 거다. 잘 짜인 아침 패턴에 갑자기 제동이 걸렸으니 우리 뇌도 당혹스러웠을 것이다. 지금은 다시 제자리를 찾아 잘하고 있지만 겪어야 했던 진통은 편안하지 않았다.

그렇게 우린 큰 어려움은 없었지만 꾸준한 노력으로 아침형 인간 습관 길들이기에 성공한다. 혹자는 습관은 죽을 만큼 절박해야 바꿀 수 있다고 하는 사람도 있다. 그만큼 습관을 바꾸는 데 많은 에너지가 필요하다는 걸 강조하고 싶어서 한 말이 아닌가 싶다. 사실 우리 가족도 한 번에 습관을 바꾸진 않았다. 나는 항상 꾸준히 작게 시작해서 크게 끝까지다. 역시 작게 천천히 시간을 순차적 앞당겨가면서 이룬 성과다. 다시 말하지만 작은 습관부터 출발하면 누구든 가능하다고 본다. 그래서 우리는 변화를 주고 새로운 나를 만들어야 한다.

"새로운 자기를 만들지 않은 날들은 모두 잃어버린 것으로 간주하라."

영국의 시인이자 평론가인 새뮤얼 존슨의 말이다. 누구나 편안함에 안주하고 싶다. 하지만 그 안주함으로 인해 자기 자신을 조금씩 잃어가고 있다는 사실을 아무도 모를 것이다. 지금의 자기 자신을 잃어버리지 않고 더 나은 삶을 살고 싶다면 무엇이든 변화를 주어야 한다. 그 변화가 작은 것이라도 상관없다. 변화를 준다는 것 자체가 중요하다. 다음은 내가 활용한 네 가지 변화 주기의 요소들이다.

삶의 변화를 위한 4가지 요소

1. 스스로 위기감을 조성하라
2. 목표를 설정하라
3. 행동을 유발하라
4. 꾸준함과 끈기로 무장하라

그럼 하나씩 살펴보자.

1. 안일주의(安逸主義), 내가 제일 경계하는 말이다. 한마디로 자기 나름의 평가에서 한가롭고 편안한 현 상태를 유지하려고만 하는 태도를 말한다. 사실 모든 사람이 하루하루를 살아가면서 편안하길 바라고, 아무

탈 없이 지내기를 바라는 건 당연한 거다. 하지만 이것이 지속되고 습관이 되면 인간의 삶의 변화에 대한 가치관이 무너진다는 것이 문제다.

오늘날과 같은 급변하는 경쟁 사회에서 살아남기 위해서는 정저지와(井底之蛙), 우물 안에 개구리가 되어서는 안 된다. 따라서 스스로 적정한 위기감을 만들고 새롭게 성장할 수 있는 변화를 찾아내야 한다. 안일주의나 복지부동(伏地不動)은 제 살 깎아 먹기와 다를 바 없다는 것을 절대 잊지 말자.

2. 목표설정에 있어 가장 중요한 것은 목표가 명확해야 한다는 거다. 목표를 어설프게 설정하면 다음 단계로 이어지지도 않고 시작 자체가 애매해진다. 따라서 내가 생각한 목표가 정해졌다면 명확하고 구체적으로 세워야 한다. 가령, 아침 5시 반 기상을 목표로 한다. 순차적 목표로 세분화한다.

첫날부터 3일은 6시 반 기상, 다음 3일은 6시, 그다음 3일은 5시 반, 이후 1주일간은 5시 반 기상을 유지한다. 나만의 벌칙! 혹 정해진 시간에 일어나지 못하면 하루 연장한다. 이처럼 조금씩 조금씩 자기 수준에 맞춰가면서 계획을 세우고 목표를 정해야 꾸준히 할 수 있는 것이다.

3. 행동을 유발하기 전에 선행되어야 할 사항이 있다. 바로 내가 행동으로 옮길 때 즉 변화를 시도할 때 장애가 되는 요소들을 먼저 생각하고 제거해야 한다. 가령, 아침에 일찍 기상하는 데 가장 큰 장애가 뭘까? 바로 늦게 잠자는 거다. 아침형 인간을 위해 일찍 일어나기로 계획하고 실천하기로 결심했으면 취침 시간 정도는 조정했어야 한다. 잠자는 시간은 늦거나 들쭉날쭉 정해진 시간이 없는데 아침 기상 시간만 정하면 과연 지킬 수 있을까? 이처럼 변화의 걸림돌만 제거해도 행동은 자연스럽게 유발된다.

4. 언제나 똑같다. 새롭게 무언가 계획하고, 목표를 정하고, 행동으로 옮기고, 그리고 실행하기 위해서는 꾸준함과 끈기가 동반되어야 한다. 옛말에 '항이치원(恒以致遠)'이란 말이 있다. 바로 '멀리 가고자 한다면 꾸준해야 한다.'라는 말이다. 걸음새 뜬 소가 천 리를 간다는 말도 있듯이 변화하고자 함에 뜻을 굽히지 말고 꾸준히 노력한다면 원하는 목표에 도달하게 될 것이다.

02

문제 해결 능력을
갖추어라

문제 해결 능력을 갖추기 위해서는 우선 문제의 핵심을 꿰뚫어 볼 줄 아는 혜안(慧眼)을 가지고 있어야 한다. 그래서 나온 말이 '액항부배(扼亢拊背)', '목을 틀어쥐고 등을 친다.'란 말이다. 무릇 상대방과 싸울 때 상대의 목덜미를 움켜쥐고 그의 등을 내리쳐서 완전한 승리를 얻는다는 말이다. 이 말은 천하를 통일한 한고조 유방이 한왕조의 도읍지 선정을 놓고 고민하다가 유경이란 신하에게 물었을 때 유경이 유방에게 진언할 때 나온 말이다.

잠시 내용을 간단히 살펴보고 가보자. 유방은 다른 신하들에게도 유경의 생각을 되물었다. 하지만 신하들 대부분은 당신들의 출생지와 가까운 낙양을 주장했다. 또다시 결정을 내리지 못한 유방은 책사 장량에게 의견을 물었다. 장량은 망설임 없이 유경의 말대로 관중에 동의했고 유방은 그날로 관중으로 도읍을 정했다. 그곳이 바로 장안으로 지금의 서안이다. 유경의 성이 원래는 누씨 누경이었다. 하지만 이 일로 유방은 황제와 같은 유씨를 하사해 유경으로 불리게 된 것이다.

이처럼 리더는 어떠한 상황에서도 문제에 대한 핵심을 찾아야 한다. 핵심을 찾고 그 핵심을 정확히 파악했다면 신속한 결단을 내려야 한다. 항상 말하지만 '조직의 흥망성쇠(興亡盛衰)'는 리더의 손에 달려 있다. 그래서 자신이 겪게 될 다양한 문제들에 대해서, 예기치 못한 변수가 생겨도 유연한 사고를 갖고 자신이 알고 있는 지식을 최대한 활용해 상황을 이해하고 대처할 수 있어야 한다. 그래서 이번 장에서는 뛰어난 리더들의 문제 해결 능력을 하나씩 살펴볼까 한다.

뛰어난 리더들의 문제 해결 능력

스티브 잡스

스티브 잡스에게 공감하는 문제 해결 능력을 선별한다는 것은 정말 어려운 문제다. 하지만 그중 여기서는 '핵심만 간단히'를 살펴보도록 하겠다. 잡스는 두껍고, 복잡하고, 길고, 많고 등 장황하게 늘어놓는 걸 좋아하지 않는다. 언제나 짧고 간략하게 핵심만 간추린 것을 선호한다고 한다. 그의 이런 사고를 잘 보여주는 부분이 계약서다. 잡스는 "나와 거래하고 싶으면 5~6페이지짜리 간단한 계약서를 가지고 오라."라고 말하며 핵심에 대한 중요성을 강조했다. 훌륭한 리더가 핵심을 강조하는 또 다른 이유는 시간에 대한 가치가 다르기 때문이다. 어떤 리더에게는 잘 짜인 100페이지짜리 계약서가 완벽하며 중요하다고 생각할지도 모른다. 하지만 그 계약서를 파악하기 위해선 많은 시간이 필요할 것이다. 반면 잡스가 원하는 계약서는 핵심만 기록되어 있다. 따라서 계약 내용의 본질을 파악하는 데도 많은 시간이 필요 없다. 그럼 어느 쪽이 효율적일까?

워런 버핏

워런 버핏 하면 생각나는 한 가지 문구가 있다. 바로 인생 조언 '쉽게 하라.'이다. 그의 말을 빌리면 "우리가 성공할 수 있었던 것은 우리에게 2m 장애물을 넘을 수 있는 능력이 있었기 때문이 아니라 우리가 넘을 수 있는 30cm 장애물을 찾아내는 데 주력했기 때문이다." 아무리 읽어도 맞는 말이다. 나도 쉽게 설명하려 한다. 2m 장애물 같은 복잡한 계약서를 들고 온 사람과 협의하겠는가. 아니면 30cm 장애물 같은 핵심만 기록된 계약서를 가지고 온 사람과 협의하겠는가. 어렵게 갈 필요 없다.

마크 저커버그

페이스북을 창업한 마크 저커버그, 그의 문제 해결 능력은 뭘까? 역시 여러 가지가 있겠지만 여기서는 회사명과 어울리는 '소통'에 대해 알아보자. 그는 일주일에 한 번씩 직원들과 Q&A를 갖는다고 한다. 역시 소셜 네트워크 회사답다. 소통을 통해 문제 해결이나 사업 방향을 재조명한다는 의미가 아닐까? 역시 젊은 CEO라 다른 것 같다. 중요한 건 이 시간에 어떠한 질의응답도 가능하다는 거다. 물론 회사의 현 상황이나 앞으로의 방향은 기본이지만 개인이나 주변 지인들을 대신하는 질문도 가능하다고 한다. 안팎으로 소통하고 방향성을 찾겠다는 의지인 듯하다. 페이스북의 철학이 개방성과 소통이라고 하는 것처럼 이 시간의 중요성을 거듭 강조하고 있는 것도 페이스북이라는 소셜 네트워크회사의 특성 때문이라고 본다.

정주영

현대그룹 창업주 고(故) 정주영 회장, 그의 자서전 『시련은 있어도 실패는 없다』 중에서 고(故) 정주영 회장은 다음과 같이 말한다. "나는 생명이 있는 한 실패는 없다고 생각한다. 내가 살아 있고, 건강한 한, 나한테 시련은 있을지언정 실패는 없다." 결국 고(故) 정주영 회장은 그가 자서전에서 피력한 끊임없는 노력과 불굴의 의지를 문제 해결 능력의 핵심으로 여기는 듯하다. 가만히 새겨들으면 정말 멋진 말이다. 그에게 '살아 숨 쉬는 한 실패가 없다.'라는 말이지 않은가.

과연 살아가면서 이런 말을 서슴없이 할 수 있는 사람이 몇이나 될까? 아마도 죽을 만큼의 시련과 실패를 겪고 최고의 자리에 올라간 사람만이 할 수 있는 말이라고 생각한다. 그래서 난 다음의 말을 좋아한다. "길이 없으면 길을 찾아라. 찾아도 없으면 길을 닦아 나가야 한다." 가장 고(故) 정주영 회장다운 말을 찾으라면 주저 없이 이 문장을 말하겠다.

이건희

자율경영, 기술 중시, 인간 존중이라는 세 가지 경영이념을 중심으로 신경영을 내세운 삼성 그룹 고(故) 이건희 회장. 그는 언제나 창조와 융합을 강조하며 그룹을 이끌었던 최고의 리더다. 고(故) 이건희 회장이 남긴 어록『생각 좀 하며 세상을 보자』에서 그가 30년을 보내는 동안 세운 리더의 다섯 가지 덕목이 "알아야 하고, 행동해야 하며, 시킬 줄 알아야 하고, 가르칠 수 있어야 하며, 사람과 일을 평가할 줄 아는 것"이라 말한다. 이것이 바로 고(故) 이건희 회장이 생각하는 리더의 덕목이다.

그는 언제나 문제를 해결할 때면 문제의 근본적인 원인을 찾는 데 주력했다고 한다. 끊임없이 고민하고 끊임없이 파헤치다 보면 그 근본적 원인의 뿌리를 찾을 수 있다고 한다. 그렇게 문제의 원인을 찾고 나면 결국 하나 혹은 둘로 남는다고 말한다. 그렇게 직면한 문제마다 수백 개의 해결책 속에서 찾지 않고 문제의 핵심만을 찾아 해결할 수 있는 최고의 문제 해결사이기도 했다. 난 고(故) 이건희 회장의 통찰력으로 본다면 위 다섯 가지 덕목에 한 가지 중요한 단어가 빠져 있다고 생각한다.

다음 세대 혹은 후배들에게 그 뜻을 생각하라는 의미로 미약하지만 덧붙여 그의 생각을 다시 적어본다. 문제 해결 능력을 갖추기 위한 이 시대 최고의 해결사이자 리더의 말을 빌리면 "핵심을 알아야 하고, 절대 핵심적 사고로 행동해야 하며, 핵심을 파헤칠 수 있게 시킬 줄 알아야 하고, 핵심을 전수할 수 있도록 가르칠 수 있어야 하며, 핵심적인 통찰력으로 사람과 일을 평가할 줄 아는 것"이라고 말하고 싶다.

03

흔들리지 않는 마음과
결단력을 가져라

"당신의 운명은 당신이 마음먹은 대로 흘러갑니다." 랄프 왈도 에머슨의 말처럼 내 운명을 내 마음대로 흘려보낼 수 있으면 정말 멋질 것 같다. 그런데 흔들리지 않는 마음과 결단력을 가지고 노력한다면 진짜 할 수 있을지도 모른다. 생각만 해도 멋지지만 그러기 위해서는 부단한 노력이 함께 수반되어야 가능할 것이다. 나는 인문고전 독서를 통해 흔들리지 않는 단단한 마음과 결단력을 단련하기로 했다.

매일 아침 하루 10분 인문고전 책 읽기를 하면서 나 자신과 줄다리기를 했다. 하루도 빠짐없이 한 권의 책을 완독할 때까지 줄다리기는 이어졌다. 그리고 하루하루 조금씩 내 쪽으로 줄을 당기며 나를 단련하기 시작했다. '오늘은 여기까지… 오늘도 잘했어!'라는 긍정적 메시지와 함께 단련된 내 마음을 확인하는 거다. 세상은 내가 단련된 만큼만 내 마음대로 흘러간다는 걸 잊으면 안 된다. 절대 서둘지 마라. 내 마음의 수양은 책 한 페이지가 넘어가는 만큼만 쌓이니까.

흔들리지 않는 단단한 마음이 만들어졌다면 그 마음에 결단력이란 힘을 넣어줘야 한다. 괴테는 "그대가 할 수 있는 것, 아니면 할 수 있다는 생각이 드는 것이라도 상관없다. 그런 일이 있다면 바로 시작하라."라고 말한다. 다시 말해 어떤 일이든 새롭게 시작하는 일이 있다면 우물쭈물하지 말고 바로 시작하는 결단력이 있어야 한다는 말이다. 내가 내린 하루 10분 인문고전 책 읽기의 결단, 그리고 줄다리기의 승자는 바로 나다. 하지만 세상에 거저 얻을 수 있는 것은 하나도 없다.

매일 아침 기상과 함께 인문고전 하루 10분의 시작은 흥분 반 걱정 반이었다. 뭐든 처음 할 때가 어려운 거다. 익숙해지면 나아지겠지만, 언제나 과정이 우리를 괴롭히는 거다. 그리고 그런 과정을 이겨내면서 단단해지는 거다. 힘들 때마다 '아니야, 할 수 있어!'라는 결단력 있는 외침이 나를 더욱 강하게 만드는 거다. 첫날부터 졸린 눈을 비벼가며 책을 읽기는 하지만 쉽게 눈에 들어오지 않는다. 그리고 뭐 본 것도 없는데 '10분

땡' 하고 울린다. 이렇게 사흘을 보내고 나니 서서히 글자들이 눈에 들어오기 시작했다.

그렇게 순항을 거듭하며 즐거운 독서로 나날이 단련되는 기쁨도 잠시 또 하나의 문제가 발생한다. 책을 읽게 된 지 2주가 다 되어갈 때이다. 하루 10분이 너무 짧게 느껴지기 시작한 거다. 한 5분 정도 지난 것 같은데 벌써 10분이 지난 거다. 그때 고민을 많이 했다. 시간을 늘려야 하는지 정해진 시간을 지켜야 하는지 바로 그때 생각난 말이 결단력! 그래 한번 정한 대로 마무리해보자. 그래서 시간을 지키는 쪽으로 결정했다. 결과적으로 보면 꾸준함과 단련이라는 목표였기에 잘했다고 생각한다. 또 같은 패턴의 반복이 좋은 습관을 만들 것이라는 예상도 맞았다.

그렇게 한고비를 넘기면서 또 다른 문제에 봉착한다. 다름 아닌 아침 독서를 할 수 없는 상황이 발생된 것이다. 지금까지 크고 작은 장애물을 잘 넘어왔는데 이번 장애는 조금 컸다. 또다시 고민하면서 핵심만 찾기로 했다. 그리고 내린 결단! 그래 핵심은 '흔들리지 않는 마음과 상황에 따른 올바른 결단력 향상 그리고 그것을 위해 꾸준한 반복을 통한 단련' 이었다.

가만히 생각해보니 모두 바뀐 건 없었다. 단지 시간이 문제였다. 그래서 시간대만 기상 후에서 취침 전으로 바꿨다. 큰 문제라고 생각했던 처음과는 달리 문제의 핵심만 살피고 해결하고 나니, 별일이 아닌 것처럼 느껴졌다.

인문고전을 접하면서 가장 재미있는 현상은 정말로 문제 해결 능력에 대한 사고가 완전히 달라졌다는 거다. 인문고전을 접하기 전의 관점은 그 폭과 깊이가 3층짜리 건물에서 아래를 내려다보는 정도라면 인문고전을 접하고 난 후의 관점은 30층짜리 건물에서 내려다보는 느낌이라고 생각하면 된다. 나 역시 지금은 그보다 더 높은 층으로 느끼지만, 독자들에게 이 마음을 그대로 전달할 수 없다는 게 아쉬울 따름이다.

나는 이렇게 하루 10분 인문고전 책 읽기를 통해 흔들리지 않는 마음과 결단력을 조금씩 갖게 된다. 나는 지금도 매일 단련하는 마음으로 인문고전과 함께하고 있다. 인생은 선택의 연속이라고 하듯 그 선택은 곧 결단의 연속이 되는 것이다.

『송사(宋史)』「여단열전(呂端列傳)」에는 '대사불호도(大事不糊塗)'라는 말이 나온다. 그 뜻을 살펴보면 '큰일은 애매모호하게 처리하지 않는다'는 말이다. 우리는 인생을 살아가면서 수시로 크고 작은 일을 접하게 된다. 작은 일에 대한 유연성과 융통성은 군자의 덕으로 볼 수 있다. 하지만 중대한 큰일에 대해서는 우유부단(優柔不斷)하지 않은 신중함과 결단력이 필요하다.

다음은 결단력을 키우는 3가지 방법이다.

1. 간절한 마음에서 출발하라.
2. 작심삼일(作心三日)은 시간 낭비다.
3. 우유부단(優柔不斷)은 가장 큰 적이다.

그럼 하나씩 살펴보도록 하겠다.

1. "모든 성취의 출발점은 간절히 바라는 마음입니다." 바로 나폴레옹의 말이다. 결단력은 이처럼 간절히 바라는 마음에서부터 출발하는 거다. 내가 진심으로 바라고 원할 때 나올 수 있는 판단이다. 곰곰이 생각해보면 진심으로 바라지 않는 일이나 일반적인 문제에 대해서는 결단이라는 말 자체가 무색할 정도로 살핌 없이 결정한다. 그래서 자신이 원하는 것을 알아야 한다고 말하는 거다.

나 역시 하루 10분 인문고전 책 읽기 중에 맞닿았던 문제들을 슬기롭게 헤쳐 나아갔다. 그 힘의 원천은 흔들리지 않는 단단한 마음과 결단력을 단련하고자 하는 나의 간절한 마음에서 나온 게 아닌가 싶다.

2. 작심삼일(作心三日)이라면 시작 자체를 하지 말아야 한다. '결심 한 지 삼일(三日)을 못 간다.'라고 생각하니 이상하게 남의 일 같지 않은 건

뭘까? 아마도 일반적으로 사람들에게 작심삼일은 분명히 좋은 의미가 아닌데 친근감이 있는 사자성어일 것이다. 그건 우리가 너무 빈번하게 작심삼일을 하다 보니 어느 순간 당연하고 그럴 수 있다고 자기합리화를 시켰기 때문이라고 생각한다. 그래서 이 말이 친근감 있게 들린다면 사실 반성해야 한다.

나 역시 어릴 적에 여러 경험이 있기에 이 문구가 친근하다. 하지만 지금은 내 사전에 이 말, '작심삼일'은 없다. 인문고전을 접하고 좋아지는 점은 생각보다 많다. 그중 하나도 인내심이다. 아무튼 결단력을 높이기 위해서는 작심삼일은 안 된다. 앞서 한 이틀도 아깝다. 무슨 일이든지 새롭게 시작하는 것은 무조건 삼일 관문을 통과하면 된다. 그래야 우리 뇌가 인식하고 싫든 좋든 해야 하는 걸로 인식하는 거다. 인내심과 결단력이 조금 부족하면 뇌를 속여서라도 삼일 관문을 통과하길 바란다. 그러면 나흘부터는 쉬워질 것이다.

3. 우유부단(優柔不斷)은 이 셋 중에서 제일 나쁜 습관이다. 따라서 가장 큰 적이다. 또 이런 부류의 사람들의 특징은 실패를 두려워한다는 거다. 그렇다 보니 다른 사람의 이목을 의식하는 경향이 강하다. 인생은 다른 사람을 위해 사는 게 아니라 나를 위해 사는 것이다. 실패가 두려워서 우물쭈물하는 것도 문제이지만 다른 이들의 이목 때문이라면 하루라도

빨리 생각을 바꿔야 한다. 왜? 우유부단의 가장 큰 문제점이기 때문이다.

이런 부류의 사람은 혼자 망하고 끝나는 게 아니다. 만일 이러한 사람을 조직의 리더로 두고 있다면? 우리 군을 지휘하는 장수라면? 조직은 제대로 경쟁 한 번 못 하고 무너질 것이고, 우리 군은 싸움 한 번 못 하고 패망하고 말 것이다. 결단력은 이처럼 한 개인뿐만 아니라 조직이나 단체에도 그 영향을 크게 미친다. "결단을 내리지 않는 것이야말로 최대의 해악이다."라는 데카르트의 말처럼 살아가면서 지혜롭고 현명한 결단력을 갖길 바란다.

04

자기 주도적 삶을
살아라

　자기 주도적 삶을 살아라. 사실 너무나도 당연한 말이다. 단지 익숙하지 않았던 자기 주도적이란 말로 인해 한 번 고개를 갸웃거리는 게 아닌가 싶다. 자신의 삶은 자기 자신밖에 살 수 없는 것이다. 내가 다른 사람의 삶을 살 수 없듯이 남들도 나의 삶을 살 수 있는 것이 아니다. 자기 주도적인 삶이란 바로 나 자신의 삶을 내 주도하에 살아가는 것을 말한다.

　나 역시 하루 10분 인문고전 책 읽기를 누가 시켜서 하는 게 아니다. 나 스스로 여전히 배울 게 많다고 생각했기 때문이다. 물론 고전 속 현인들의 지식을 얻어 지혜로운 삶을 살기 위한 것도 하나의 이유다.

"이 세계, 오직 이 세계만이 우리가 일할 곳입니다. 따라서 우리는 모든 힘을 이 삶을 위하여 경주해야 할 것입니다." 내가 좋아하는 톨스토이의 말이다. 나 역시 지금도 매일 인문고전과 함께 하루를 경주로 시작한다. 보고 또 본 책을 스승으로 삼고 힘들고 지칠 때마다 읽어보고 스스로 자문도 해본다. 지금 내가 살아가고 있는 모습이 잘 살아가고 있는 모습인지. 혹은 지금 내가 열심히 살아가고 있는 게 맞는지. 이렇게 주도적으로 내 삶에 대한 객관적인 평가도 함께한다. 자기 주도적 삶의 중요한 핵심 중의 하나는 남의 힘에 의존하거나 도움을 받아가며 살아가지 않는다는 것이다. 그렇기에 언제나 스스로 문제점을 해결하고 찾아낼 수 있는 자기만의 시스템적인 체제를 갖고 있어야 한다.

하지만 자기 주도적 삶을 잘못 이해해서는 안 된다. 가령 주도적 삶은 '내가 주인이기 때문에 나 혼자 해야 해! 그러니 내가 하고 싶은 대로 해도 돼! 내 마음이니까.' 이처럼 그냥 마음 편히 나 하고 싶은 대로 살다 보면 안일주의(安逸主義)에 빠지게 되는 것이다. 결국 주위는 신경 쓰지 않고 집에서 혼자 지나칠 정도로 편하게 지내는 나태(懶怠)한 삶으로 가는 거다. 그래서 혼자 있을 때, 남이 안 볼 때 잘하라는 말이 있는 것이다.

다음은 『중용』 33장에 나온 말이다.

"詩云, 相在爾室 尙不愧于屋漏"

"故君子, 不動而敬 不言而信"

(시운, 상재이실 상불괴우옥루)

(고군자, 부동이경 불언이신)

"시경에 이르기를, 네가 방에 있는 것을 보니 옥루에 부끄러움이 없기를 바란다."

"군자는 움직이지 않아도 공경하며 말하지 않아도 믿는다."

다시 말해 군자는 혼자 방 구석진 곳에 앉아 있더라도 양심에 부끄러움이 없게 한다는 말이다. 같은 의미로 퇴계 선생 조부 노송정 이계양공이 지은 정자 기둥에 새겨진 '옥루무괴(屋漏無愧)'란 말도 있다. 이처럼 옛 성현들은 그 당시 자기 주도적 삶이 무엇인지 알고 있었으며 이미 실천하고 있었던 거다.

"무릇 지킬 만한 것보다 더욱 네 마음을 지키라. 생명의 근원이 이에서 남이라." 구약성경(잠언 4:23)에 나오는 말이다. 즉 자신의 마음을 다스림으로써 자기 주도적 삶을 살아가라는 말이다. 사랑의 중심이 되는 이 마음은 사랑의 근원인 '자아(自我)'이기도 하다. 나는 아이들이 문제를 일으키거나 잘못했을 때 항상 '근본'에 대한 이야기를 포함해 훈계한다고 했다. 나 역시 우리 아이들이 자기 주도적 학습과 독서 그리고 삶을 살아가기를 다른 부모 못지않게 바라는 사람이다. 또한 아이들이 단단한 마음 자세를 갖고 자아를 깨달을 수 있도록 힘쓰는 평범한 조력자 부모일 뿐이다.

다음은 자기 주도적 삶을 위한 3가지 요소이다.

1. 자존감을 높여라
2. 내 마음을 다스려라
3. 나태해지지 마라

1. 자기 주도적 삶을 살기 위해서는 자기 자신을 사랑할 줄 알아야 한다. 자기 자신을 사랑하는 사람은 자존감이 높은 사람이다. 따라서 자존감이 높은 사람은 자기 주도적 삶을 잘 살아가는 사람이 되는 것이다. 그럼 이유가 뭘까? 아주 간단하다. 자기 자신을 사랑하면 누구보다도 자신에 대한 것에는 단호한 결단을 할 수 있는 것이다. 또한 분명한 의사 표현이 동반되기에 우유부단(優柔不斷)하거나 독립성이 아닌 의존성(依存性)과는 거리가 멀게 되는 것이다.

2. 말 그대로 외면이 아닌 내면을 가꾸고 다스릴 줄 알아야 한다는 말

이다. 사실 자기 주도적이란 말 자체가 내 마음으로부터 시작되는 내적 표현에 대한 외적 행위라고 생각한다. 혜민 스님이 "욕심을 내려놓으면 무리를 하지 않고, 무리를 하지 않으면 건강을 해치지 않고, 건강이 돌아오면 마음이 밝아지고, 마음이 밝아지면 작은 것에서 행복을 느낀다."라고 말한 것처럼 마음을 다스릴 줄 알아야 한다. 사람은 욕심을 내려놓지 못하면 성장하지도 변화하지도 못한다. 그래서 작은 것에서 느끼는 행복이 곧 자기 주도적 삶의 행복이 되는 것이다.

3. 나태(懶怠)해지지 마라. 앞서 언급한 바 있지만 자기 주도적 삶에서 쉽게 빠질 수 있는 가장 큰 함정이다. 자기 멋대로 생각하고, 행동하고, 그리고 안주하는 삶 속에 나약함과 게으름이 만들어내는 말이다. 우리가 흔히 쓰는 태만(怠慢)도 이와 같은 뜻이다. 화생우해타(禍生于懈惰) 즉 '화는 게으르고 나태한 것에서 생긴다.'라는 말이다. 이런 나태함은 우리의 인생을 수동적으로 만들어준다. 따라서 끊임없이 자신과의 싸움을 통해 나태함을 없애야 한다.

이처럼 우리는 자기 주도식 삶을 위한 3가지 '자존감 높이기, 마음 다스리기, 그리고 나태해지지 말기' 요소에 대해 알아보았다.

당부하는데 처음부터 자기 주도식 삶을 살겠다고 계획과 준비 없이 시작하지 않길 바란다. 충분한 계획 속에서 준비하고 이에 대한 정리가 된 후 준비가 확고하다면 그때 시작하길 바란다.

우리는 이미 앞장에서 자기계발을 위한 방법에 대해 많은 걸 알게 되었다. 그중 흔들리지 않는 마음과 결단력 그리고 자신감과 자존감으로 무장한다면 누구보다도 훌륭한 자기 주도적 삶을 시작할 수 있을 것이다. 그러기 위해서는 "아는 것을 안다고, 모르는 것은 모른다고 하는 것이 진짜 아는 것이다."라는 공자의 말처럼 내 안의 나를 먼저 제대로 알고 준비해야 나를 변화시키고 주도해나갈 수 있다. 왜? 내가 주인이니까. 절대 잊지 말자. 자, 주도적 삶의 근원은 용심(用心)에 있다. 나의 주인은 나다.

05

위기가 닥칠 때
비로소 빛이 난다

위기 상황이 오면 오히려 그 빛을 더 발휘하는 사람들이 있다. 그중 '필사즉생 필생즉사(必死則生 必生則死)' 세계적인 지략과 전략 그리고 용맹과 충심으로 무장한 삼도수군통제사(三道水軍統制使) 이순신(李舜臣)이 있다. "죽고자 하면 살 것이고 살고자 하면 죽을 것이다."라는 이 말은 대한민국 국민이라면 누구나 가슴속 깊이 새겨져 있는 말이다. 하지만 그 뜻이 단순히 '죽기 살기로 싸우면 무조건 살고 이긴다.'라는 정도로 생각한다면 그건 엄청난 착각이다.

이순신의 해전을 보면 언제나 정보 수집, 전력 비교, 전력 보강, 전술

강화, 그리고 냉철한 전황 분석 및 평가 등 철저한 태세가 글로 다 표현할 수 없을 정도다. 이처럼 세심한 전략과 전술이 있었기에 외칠 수 있었던 말이자 자신감이라고 생각한다.

133척의 왜선(倭船)을 단 12척의 전선(戰船)으로 크게 격파한 '명량해전(鳴梁海戰)'을 보면 흔들리지 않는 리더의 단단한 마음과 강인한 결단력을 볼 수 있다. 또한 모험이라고 생각할지 모르는 '울돌목'은 신의 한 수였다. 따라서 치밀한 계산에 의한 전술적 승리이지 절대로 운이거나 죽기 살기가 아니란 소리다. 그럼 이순신의 전략과 전술을 좀 더 살펴보자.

1. 유리한 지형 선택

이순신은 해전을 하게 되면 큰 바다에서는 전투를 피하고 좁고 물살이 빠른 해협으로 적을 유인한다. 그리고 막강한 화력을 앞세워 적을 포위하고 격파한다. 반면 왜적의 전법은 무조건 근접전으로 적선에 올라탄다. 그리고 백병전으로 이끌고 칼로 적군을 제압한다. 그렇기에 우리 전선은 최대한 근접전을 회피하면서 대포로 적을 물리칠 수 있는 유리한 지형을 살피고 선점했던 거다.

2. 유리한 판옥선의 장점을 살려라.

우리 수군의 전선은 3층 구조로 되어 있다. 가벼우면서도 내구성이 좋은 소나무로 만든 판옥선(板屋船)은 기동력과 견고함을 자랑한다. 두 개의 돛을 달아 속도를 높였고 3층 높이에서 적을 향해 아래로 쏘는 화살이나 조총의 위력은 대단했다. 반면 가볍고 긴 왜적의 안택선은 판옥선과 충돌하게 되면 내구성이 약해 쉽게 부서졌다. 사실 판옥선은 임진왜란 중 왜선의 형태를 기반으로 계량된 전선이기에 안택선보다 장점이 많은 건 당연하다. 하지만 무엇이든 그 장점을 끌어내는 게 중요하다.

3. 우리의 형세가 외롭다.

수나 병력이 열세일 때 주로 활용하는 병법이 배수의 진이다. 명량해전 당시 벽파진 쪽에서 전투를 벌이면 형세 상 배수의 진이 된다. 따라서 전투에 임하는 군사의 사기와 각오를 단단히 하고 적군을 맞이할 수밖에 없다. 흔히 '물러서지 마라. 우리가 여기서 쓰러지면 우리 뒤에 있는 가족은 모두 죽은 목숨이다.' 정도가 되지 않을까 싶다. 형세를 살피는 건 『손자병법(孫子兵法)』에서도 중요시 다룬 전략적 가치다.

이처럼 삼도수군통제사 이순신은 세계 해전사에서 찾아볼 수 없는 완전무결한 승리를 남긴다. 결국 뛰어난 리더는 위기가 닥칠 때 더욱 빛을 낸다는 말이 틀린 말은 아닌 것 같다.

우리는 인생을 살아가면서 크고 작은 위기를 맞이하며 살아간다. 문제는 얼마나 현명하고 지혜롭게 그 위기를 극복하냐에 달려 있다. 이번에는 온 국민이 함께 겪었던 위기에 대해 알아보고자 한다. 바로 대한민국 정부가 국제통화기금(IMF)에 자금 지원을 요청한 사태이다.

1997년 대한민국 정부는 국제통화기금(IMF)에 자금 지원 요청을 공식적으로 발표했다. 쉽게 말해 나라에 돈이 없어 세계무역 안정을 목적으로 설립된 국제금융기구라는 곳에서 돈을 빌리겠다는 것이었다. 당시 나라의 빚은 총 1,500억 달러, 나라가 보유한 외환은 고작 40억 달러가 채 안 됐다고 하니 말 그대로 아주 심각한 재정 상태였다. 문제는 IMF에서 돈을 빌려주는 대신 현 정부와 다음 정부 모두 약속을 지키라는 각서를 쓰라는 조건을 내세웠다. 결국, 수치스러운 협정은 맺어졌고 그날 이후 대한민국은 공식적으로 빚진 나라가 되며 국제사회의 신용도는 바닥으로 떨어졌다.

어떻게 보면 대한민국 국민의 한 사람으로 개인적으로나 국민적으로나 인생 최고의 위기를 맞이한 것이었다. 하지만 위기가 닥칠 때 비로소 빛이 난 것이 있다면 바로 대한민국의 국민성이다. 난 아직도 그 시절이 생생하게 기억난다. 그럼 우리 국민성의 위대함을 하나씩 짚어보자.

1. 우리는 하나, 대한민국의 위대한 국민성

나라가 돈이 없다. 그래서 부도가 난다. 그러면 대한민국은 망하고 결국 남의 나라가 된다. 참 많은 말들이 오고 가던 상황이었다. 매일 같이 나라를 걱정하고 또 걱정하던 때였다. 그때 누군가 기억한 것이 '국채보상운동'이다. 국채보상운동이란 국채를 국민의 힘으로, 국민의 모금으로 갚기 위한 운동이다. 다시 말해 국민의 힘으로 국권을 지키겠다는 의지다. 빚 때문에 나라가 망하는 꼴을 어떻게 보겠냐는 마음으로 하나둘씩 사람들이 모이기 시작했다. 그리고 제안한 것이 '금 모으기 운동'이다.

이유는 아주 간단했다. 금은 곧 현금이다. 그렇기에 '금은 곧 달러다.'로 생각하게 되는 것이다. 사실 보상 운동은 자유의사에 의한 것이지 강요나 강제성이 없는 운동이다. 따라서 절대적으로 국민성에 따라 그 결과가 좌지우지(左之右之)될 수 있는 운동이기도 하다. 그렇게 대한민국은 마음을 하나로 모으며 뭉치기 시작했다.

2. 티끌 모아 태산, 금 모으기 운동

집집마다 하나둘씩 금을 모아서 나라의 빚을 갚자고 나서기 시작했다. '티끌 모아 태산이다.'라는 말처럼 한 돈짜리 가락지를 시작으로 금괴까지 다양한 금들이 모이기 시작했고 어느새 금 모으기 운동은 전국적으로 퍼지기 시작했다. 누가 먼저라 할 것 없이 전국 각지에서 모금된 금이 차곡차곡 쌓이고 있었다.

온 국민의 힘으로 모인 금은 227톤(22억 달러) 정말 어마어마한 결실을 낳는다. 지금도 그때를 생각하니 등골이 오싹해진다. 나 역시 그때 손가락에 끼고 있던 반지를 뽑아 금 모으기 운동에 참여했었다. 그 순간의 감정은 정말 말로 다 표현이 안 되는 것 같다. 시간이 갈수록 점점 외환보유액이 늘어나면서 결국 2001년 마지막 남은 IMF 자금을 갚고 드디어 빚에서 벗어나 자유로운 국가가 되었다.

3. 하나가 된 대한민국

IMF는 작게는 개인적으로 크게는 나라 전체적으로 몰아닥친 외환 위기였다. 하지만 위기 극복에 대한 대한민국 국민의 힘과 국민성을 전 세계에 알릴 수 있었던 일이기도 하다. 그 후 우리는 또다시 한마음 하나가 되는 기회를 맞이한다. 바로 2002 월드컵 축구대회다.

국제축구연맹이 4년에 한 번씩 개최하는 세계선수권대회로 전 세계인의 축제이기도 하다. 그런 전 세계에서 가장 큰 축구대회를 대한민국에서 개최한 것이다. 기억하는가. 붉은악마! 대한민국 수도의 핵심지 광화문을 붉은 티셔츠로 메웠던 그날을 나는 아직도 기억한다.

지금도 난 그때를 생각하면 가슴속 심장이 요동치는 걸 느낀다. 전 세계에 승리의 함성과 하나가 된 대한민국의 힘을 보여주었던 그날이다.

어쩌면 힘들었던 외환 위기의 극복과 우리는 할 수 있다는 한마음 한 뜻이 만들어낸 결과가 아닌가 싶다. 2002년 월드컵은 분명히 전 세계인에게 대한민국의 저력을 보여준 역사적인 대회였다. 누군가 그러지 않았던가. "힘들고 어려울 때 손잡아줘야 최상의 파트너다."라고. IMF와 2002년 월드컵대회 최상의 파트너는 바로 우리 '대한민국 국민'이었고 위기가 닥칠 때 비로소 빛을 낸 사람도 바로 우리 '대한민국 국민'이다.

06

미래에 대한
생각을 바꿔라

미래에 대한 생각을 바꾸려면 우선 자신의 현실에 대한 냉철한 점검이 필요하다. 현재 자신의 위치에서부터 시작하는 거다. 자신의 의식이 살아 있어야 의식의 흐름을 쫓고 변화시킬 수 있는 것이다. 우리는 언택트 시대를 맞이해 어느 때보다 의식 전환이 필요한 때에 살고 있다고 본다. 흔히 '생각을 바꾸면 미래가 달라진다.'라는 말이 있듯이 우리의 생각은 우리의 인생을 저울질하기에 충분한 힘을 가지고 있다.

지금 자신의 자리에서 '난 행복해'와 '난 불행해' 이 두 가지 문구를 두고 생각한다고 가정하자. 전자를 생각하면 왠지 가슴이 뛰거나 흥분은 아니어도 기분은 좋아진다. 반면 후자를 보고 생각하면 글쎄? 그럴까? 하면서도 왠지 기분이 나쁘다. 아마도 이런 느낌은 평범한 사람이라면 누구나 같다고 본다. 이처럼 우리의 모든 느낌이나 행위들의 시작은 생각에서 출발한다. 다시 말해 생각만으로도 변화를 시작할 수 있다는 뜻이기도 하다. 그래서 생각을 바꾸면 우리 자신이 바뀌는 것이고, 우리 자신을 바꾸면 우리의 미래도 바꿀 수 있다는 말이 된다.

나는 '행복'과 '불행'이란 단어가 생각의 변화를 통해 계속 행복한 삶을 살아갈 수도 있고 반면 불행한 삶을 살 수도 있다고 본다. 같은 맥락에서 볼 때 지금 일반 에세이나 자기계발서 등을 읽고 있다면 생각의 변화를 줌으로써 한 번쯤은 인문고전을 읽어볼 수도 있다고 본다. 또 인문고전을 통해 과거 옛 문헌들 속의 지식과 지혜를 찾아 새로운 의식 변화를 가져 보는 것도 좋다고 본다.

나 역시 하루 10분 인문고전을 통해 나 자신을 바라보게 되었고 시간이 지날수록 옛 성현들의 문구가 머릿속에서 떠오르기 시작했다. 그리고 내린 결론이 '그래, 인생 2막을 준비하기 위해 현재의 나를 바꾸자.'라고 마음먹었다. 그럼 어떻게 하면 현재의 나를 바꿀 수 있을까? 고민하면서 시작한 것이 현재 잘하고 있는 것부터 시작해보는 거였다. 바로 꾸준한 독서, 하루 10분 인문고전 읽기다. 이렇게 '끊임없이 노력하다 보면 무언가 길이 보이겠지.'라는 막연한 생각으로 편하게 책 읽기에 매진했었다.

한 권의 책이 끝나면 또 다른 책으로 그렇게 나의 중심을 지켜가며 책을 읽어가던 중 문득 '나도 책 읽기에서는 대인(大人)이군'이라는 생각이 들었다. 『대학』에 보면 자기중심을 지키고 어떤 상황에서도 흔들리지 않는 굳은 마음 자세와 행위자를 일컬어 '대인(大人)'이라고 하듯이 하루 10분 독서만큼은 흔들림 없는 마음으로 꾸준히 이어갔으니 대인은 대인이지 않은가.

그렇게 스스로 대인으로 자칭하고 꾸준한 반복적인 삶을 이어가면서 서서히 의식의 전환이 생기기 시작했다. 내가 처음 느낀 건 자존감과 자신감이다. 당시 첫 창업에 대한 실패의 고배와 처가 식구와 함께한 신규 요식사업으로 정신적·육체적으로 많이 지치고 힘든 시기였다. 자존감은 물론이고 자신감마저 같이 떨어지고 있었다. 하지만 그런 내게 꾸준한 인문고전과의 만남은 세상을 바라보는 또 하나의 눈을 선물해준 듯 세상이 다르게 보이기 시작했다.

과거 실패에 대한 아픔은 성공을 위한 훌륭한 경험으로 보이기 시작했고, 새롭게 시작한 요식사업의 두려움과 불편함은 새로운 세상의 도전과 정복이라는 열정으로 내 마음에 자리를 잡고 있었다. "아무것도 시도할 용기를 갖지 못한다면 인생은 대체 무엇이겠는가?" 빈센트 반 고흐의 말처럼 난 새롭게 도전하고 시도하고 있었던 거다.

　그렇게 시작한 두 번째 목표가 서양고전 탐방하기다. 앞서 3장에서 한번 거론했듯이 동양고전의 재미와 함께 서양고전에도 도전한 것이었다. 호메로스의 『일리아스』와 『오디세이아』의 재독과 헤로도토스의 『역사』를 시작으로 하나씩 완독해나갔다. 힘들 것만 같았던 도전은 시간이 지날수록 내게는 더욱 쉬워지는 느낌이었다. 이제는 동·서양고전에 대해 아무런 불편함 없이 편하고 친숙함 마음으로 본다. 또 보고 싶을 때마다 보고 싶은 부분만 내용을 찾아본다. 이 또한 재미있는 독서법이라 나중에 책으로 집필할 때 다시 소개해볼까 한다.

　미래에 대한 생각을 바꾸기 위해 시작한 '현재의 나 바꾸기 프로젝트'는 나에게 '하루 10분 인문고전 책 읽기'와 '서양고전 탐방하기'라는 엄청난 선물을 안겨주었다. 그리고 글쓰기 작가라는 또 다른 큰 꿈을 꾸게 해주었다. 그동안 읽었던 책 속의 지식과 지혜를 기준으로 삼고 실천과 실행에서 온 경험을 바탕으로 나만의 책을 쓰기로 마음먹게 된 것이다. 현재의 나 바꾸기 프로젝트의 세 번째 선물은 바로 글쓰기 작가였다. 앞으로도 난 계속해서 책을 쓸 예정이다. 이미 시작된 작가의 삶으로 인생 2막을 더욱 즐기며 평범한 일상 속에서 인생의 참맛을 찾고자 한다.

"행동하라. 오늘보다 높은 내일을 위해서 행동하라. 세계의 넓은 들판에서, 인생의 싸움터에서, 목 매인 송아지처럼 쫓기지 말고 투쟁하는 용사가 되라. 위인의 생애를 돌아보고 인생을 숭고히 하라. 그리고 그대의 생이 끝나는 날, 시간의 모래 위에 영원한 발자국을 남겨라." 롱펠로의 말처럼 결국 행동하는 자만이 살아남아 인생을 완성할 수 있는 것이다.

흔히 말하는 인생의 참맛은 이 같은 생각의 변화를 통한 일상 속 삶의 행동에서 나오는 것이다. 어쩌면 『중용』의 인생팔미(人生八味)도 인생의 맛을 제대로 알고 살아간다는 의미처럼 의식 전환을 통해 자기 자신을 여덟 가지 맛에 맞추며 살아간다는 의미일지도 모른다.

人生八味(인생팔미)

一味 飮食之味(일미, 음식지미)

二味 職業之味(이미, 직업지미)

三味 風流之味(삼미, 풍류지미)

四味 關係之味(사미, 관계지미)

五味 奉仕之味(오미, 봉사지미)

六味 學習之味(육미, 학습지미)

七味 健康之味(칠미, 건강지미)

八味 人間之味(팔미, 인간지미)

첫째, 그저 배를 채우기 위해 먹는 음식이 아니라 음식이 가진 고유의 맛을 느끼며 먹는 것이다. 한마디로 '음식의 맛'을 즐기고 인생을 논하라는 듯하다.

둘째, 돈을 벌기 위해 일하는 게 아니라 일을 통해 삶의 의미를 찾는 것이다. 한마디로 '직업의 맛'이란 직업에 대한 자부심과 자긍심을 가지고 정진하라는 듯하다.

셋째, 남들이 노니까 나도 노는 게 아니라 진정으로 즐길 줄 아는 것이다. 한마디로 '풍류의 맛'처럼 즐기는 데에도 최선을 다하는 모습을 갖추라는 듯하다.

넷째, 어쩔 수 없어서 관계를 갖는 게 아니라 만남 속에서 기쁨을 얻기 위한 것이다. 한마디로 '관계의 맛'이란 마음을 열고 관계 속에서 기쁨을 얻으라는 듯하다.

다섯째, 자기만을 위해 사는 삶이 아니라 봉사함으로써 행복을 느끼는 것이다. 한마디로 '봉사의 맛'은 다른 사람을 위한 행복 속에서 보람을 찾으라는 듯하다.

여섯째, 하루하루 때우며 사는 삶이 아니라 항상 새로운 걸 배우며 성장해감을 느끼는 것이다. 한마디로 '배움의 맛'은 배움을 멈추지 말고 계속해서 지식을 쌓아 지혜로 승화하고 성장해가라는 듯하다.

일곱째, 육체로만 존재하는 것이 아니라 정신과 육체의 균형과 조화를 느끼는 것이다. 한마디로 '건강의 맛'은 인생의 삶 속에서 몸과 마음이 함께해야 함을 강조하는 듯하다.

여덟째, '나(我)'라는 존재를 깨우치고 완성해가며 그 기쁨을 만끽하는 것이다. 한마디로 '인간의 맛'은 자아 성찰을 통해 진정한 삶을 누리라는 듯하다.

이처럼 인생팔미의 뜻과 의미 그리고 생각을 정리해보았다. 흔히 '너희가 게 맛을 알아!'처럼 '너희가 인생의 맛을 알아!'라고 외쳐보자. 여덟 가지 인생의 참맛을 느끼는 진정한 삶을 위해 현재의 나를 바꿔가면서 멋진 미래를 준비하길 진심으로 바란다.

07

매일 조금씩
성장하는 나를 느껴라

　매일매일 조금씩 성장하는 나를 만들고 싶다면 나를 성장시킬 수 있는 습관을 찾아야 한다. 지금 내가 성장하고 싶은 게 무엇인지 혹은 내가 부족한 게 무엇인지를 정확히 파악하고 목록을 작성해야 한다. 심리학자 토니 로빈스는 "좋은 습관이란 단지 아는 것이 아니라, 꾸준히 실천하는 것이다."라고 말했다. 내가 꾸준히 실천할 수 있는 목록을 찾아야 한다. 난 하루라도 빨리 성장해야 한다는 조급함은 오히려 내 성장을 늦출 뿐이다.

　그럼 좋은 습관이란 무엇일까? 내가 보는 좋은 습관은 실천할 수 있는 습관이라고 본다. 아무리 좋은 계획이라도 내가 습관화할 수 없다면 아무 소용없다. 가령 아침형 인간이 성공한다는 소리를 듣고 나도 아침형 인간이 되겠다고 마음먹는다. 계획은 없고 평소 10시 전후로 일어나는 사람이 갑자기 새벽 5시에 일어나겠다고 선언한다. 무리한 시간설정임을 알면서도 무작정 새벽 기상을 습관 들이겠다고 외친다면 과연 가능할까? 물론 가능할 수도 있다. 하지만 대부분 실패할 확률이 높다. 따라서 내가 꾸준히 실행할 수 있는 계획을 세우고 선택했을 때 좋은 습관이 만들어지는 것이다.

내가 첫 번째로 선택한 성장을 위한 습관은 이른 아침 기상과 독서다. 나 역시 내가 지킬 수 있는 시간대를 만들었다. 처음부터 무리하지 않기 위해 시작은 7시 반으로 정했다. 세상에는 아침 새벽을 깨우는 사람들이 생각보다 많다. "승자는 시간을 관리하며 살고, 패자는 시간에 끌려 산다." J. 하비스의 말처럼 시간을 관리하면서 조금씩 습관 들이기를 해보자.

다음은 성장을 위한 습관 길들이기다.

1. 아주 작은 습관부터 시작하라.

'아주 작은 습관부터 시작하라.'는 두 가지로 다시 세분화할 수 있다.

첫째는 '루틴을 만들어라.'이고 둘째는 '시간을 길들여라.'이다. 그럼 첫째부터 알아보자.

1-1. 루틴을 만들어라.

아침 기상과 함께 이루어지는 반복 행위에 대한 점검이다. 아침 기상 시간을 정했다면 그에 따라 기상 직후 물 한 컵 마시기, 간단한 스트레칭, 모닝커피 마시기, 아침 명상에 좋은 음악 듣기 등 다양하게 많을 것이다. 나에게 맞는 것을 선택하고 다음 습관과의 관계에도 영향이 있는지 없는지 확인해야 한다. 가령 하루 10분 인문고전 읽기 습관 들이기를 선택했다고 하자. 그럼 충분히 책을 읽을 수 있는 시간도 확보하고 전후에 책 읽기에 장애가 되는 루틴을 넣어서는 안 된다. 가령 책 읽기 전에 40분 아침 조깅하기를 하면 땀으로 범벅이 된 상태에서 과연 제대로 된 독서가 이루어질까? 아마도 힘들 것이다. 이처럼 루틴은 가장 단순한 우리 일상의 패턴이지만 하나의 습관 들이기를 할 때는 관계가 있는 것은 살피고 넘어가야 한다.

1-2. 시간을 길들여라.

나의 루틴이 정해졌다면 이제 본격적으로 내가 변하고자, 바꾸고자 하는 바람의 습관을 길들이면 된다. 처음부터 무리해서 하는 습관 길들기는 앞서 말했듯 도움이 전혀 안 되기 때문에 반복적 행위를 통해 자연스럽게 몸에 익숙해질 수 있도록 계획을 잘 세워야 한다. 시간 길들이기는 목표 시간이 정해졌으면 그 앞뒤로 시간의 활동 유/무를 확인해야 한다. 나처럼 한 번에 정한 시간을 지키기 어렵다고 판단하면 시간을 줄이면서 접근하는 것도 좋은 방법이다.

가령 시간을 '30분 단위로 나눈다. 20분 단위로 나눈다.'처럼 분 단위로 자신이 실천 가능한 시간으로 나누는 걸 말한다. 5시 반을 목표로 했다면 기상 가능한 시간 7시 반부터 출발한다. 그리고 30분 단위로 했을 때 4번의 습관 들이기를 순차적으로 행하는 거다. 중요한 건 시간을 내 주도적으로 길들이기를 해야 한다. 너무 세분화해도 지키기 쉽지 않기 때문에 내가 지킬 수 있는 시간 단위로 조절해야 한다.

2. 성장을 위한 습관 길들이기

성장을 위한 습관 길들이기는 작은 습관이 몸에 익숙해진 후에 시작하는 것도 좋다고 본다. 내 경우엔 언제나 작은 습관을 3일 정확히 행하고 난 다음부터 핵심적인 습관 길들이기로 들어간다. 사실 조금 부담되는 계획은 이 방법을 많이 활용한다.

2-1. 하루 10분 인문고전 독서

사마천(司馬遷)의 "배우길 좋아하고 깊이 생각하면 마음으로 그 뜻을 알게 된다."라는 말처럼 나 역시 배우기를 좋아해서 첫 번째로 선택한 게 독서였다. 하지만 처음 시행은 순조롭지는 못했다.

인문고전이다 보니 처음에 뭐 본 것도 별로 없는데 시간만 잡아먹었다. 몇 번의 시행착오를 하고 난 후부터는 목표한 대로 잘 진행되었다. 역시 핵심 습관 길들이기는 쉽지 않다. 상황에 따라 변수도 많이 생기기에 적절한 유연성을 발휘하는 것이 중요하다.

2-2. 하루 30분 걷기

'체력은 국력이다.'라는 말이 있듯이 하루에 최소 30분 이상 걷기로 마음먹었다. 하지만 아무 때나 걷기를 한다고 좋아지는 것은 아니다. 정해진 시간과 정해진 장소에서 규칙적으로 꾸준히 하고 나면 걷기를 위한 몸이 조금씩 만들어진다. 무릇 머리로 하는 것 외에도 습관 들이기를 할 요소는 많다. 또 몸으로 배우고 익히는 것은 잘 잃어버리지 않는다. 그래서 어려서 자전거를 배우면 나이 먹어서도 자전거를 탈 수 있는 이유가 우뇌를 통해 몸으로 체득했기 때문이다.

나는 한동안 대중교통을 타고 출근을 했다. 역시 앞에서 한 번 언급했듯이 심장을 튼튼하게 하려면 걷기가 최고 우선순위였다. 그래서 언제나

지하철역에서부터 내가 일하는 일터까지 걸어서 출근했다. 시간은 정확히 25~30분 사이다. 그렇게 걷기에 몸을 습관화시키고 난 후 도전한 것은 공원 걷기 50분이었다. 이 또한 습관을 들이고 나니 건강함과 즐거움을 함께 얻은 것 같았다.

2-3. 동화책 읽어주기

나에게는 세상에서 가장 예쁜 셋째 늦둥이 딸이 있다. 흔히 사람들은 모두 "셋째는 주는 것 없이 예쁘다."라는 말을 많이 한다. 사실이다. 정말 예쁘다. 그런 예쁜 막둥이가 고맙게도 동화책 읽는 것을 좋아한다. 얼마나 반가운지 사실 동화책 읽어주기는 저녁 잠자기 전에 독서 습관을 들여볼까 해서 연습 삼아 시도한 습관 길들이기다. 그날 아이의 컨디션에 따라 취침 시간이 들쭉날쭉하다는 것만 빼고는 성공적인 습관 길들이기였다.

하지만 동화책 읽어주기 습관 역시 가능한 정해진 시간을 지키려고 노력하다 보니 아이의 취침 시간도 자연스럽게 일정하게 유지되었다. 한 권의 책에서 다섯 권까지 읽기! 아이들은 좋으면 무한 반복 독서다. 하루 5분 정도로 책정했던 동화책 읽기 시간은 어느새 5권까지 늘어나 40분 전후의 시간이 소요됐다. 계획한 건 아니지만 아이 덕분에 확실히 독서 시간 40분은 습관화시키게 되었다.

나는 매일매일 조금씩 좋은 습관들을 만들어가며 성장하는 내 모습을 보았다. 그리고 매일매일 조금씩 성장하는 습관들에 익숙해지면서 성장하는 나를 느꼈다. "다른 사람의 좋은 습관을 내 습관으로 만들어라."라는 빌 게이츠의 말처럼 누군가의 좋은 습관을 발견한다면 당장 당신의 것으로 만들어라. 그럼 어느 순간 당신도 성장하고 있는 자신을 보면서 짜릿함을 맛보게 될 것이다.

'자기계발을 위한 필수 인문고전' 리스트

자기계발을 위해 반드시 읽어야 할 고전 목록으로 동양고전과 서양고전으로 나누었습니다. 또한 여기서 제시한 동양고전 목록과 네이버 지식백과(사전)은 본 도서의 참고문헌이기도 합니다. 또 동ㆍ서양고전을 함께 읽는 재미도 쏠쏠합니다. 하지만, 인문고전독서에 있어 수직 독서와 수평 독서 그리고 나아가 확장 독서로 이어지기 위해서는 필수 동양고전을 어느 정도 읽은 후에 서양고전을 접하길 추천합니다. 이는 서양고전도 마찬가지입니다. 호메로스의 『일리아스』에서 출발해서 역사적 순서와 전쟁사에 따라 읽으면 훨씬 재미있습니다. 예를 들면 『국부론』, 『자본론』, 『정의론』, 『군주론』 등과 같은 정치철학적 접근! 혹은 플라톤의 『국가』, 『법률』, 소크라테스의 『변명』, 『향연』 등과 같은 철학자의 작품 모음 접근! 처럼 다양합니다.

참고문헌

『3부 고전 1』, 박재희, 작은 씨앗, 2011

『3부 고전 2』, 박재희, 작은 씨앗, 2013

『사기 열전 1』, 사마천, 김원중 옮김, 민음사, 2015

『사기 열전 2』, 사마천, 김원중 옮김, 민음사, 2015

『사기 세가』, 사마천, 김원중 옮김, 민음사, 2015

『사기 본기』, 사마천, 김원중 옮김, 민음사, 2015

『사기 표』, 사마천, 김원중 옮김, 민음사, 2011

『사기의 인간 경영법』, 김영수, 김영사, 2008

『손자병법』, 손자, 김원중 옮김, 글항아리, 2015

『손자병법』, 손자, 유동환 옮김, 홍익출판사, 2000

『손자병법』, 손자, 유재주 옮김, 돋을새김, 2007

『손자병법』, 손자, 박삼수 옮김, 문예출판사, 2019

『채근담』, 홍자성, 김원중 옮김, 휴머니스트, 2017

『채근담』, 홍자성, 도광순 옮김, 문예출판사, 2012

『한용운의 채근담강의』, 한용운, 필맥, 2005

『논어』, 공자, 김원중 옮김, 글항아리, 2015

『논어』, 공자, 이을호 옮김, 박영사, 1973

『논어』, 공자, 박종연 옮김, 을유문화사, 2006

『논어』, 공자, 황희경 옮김, 시공사, 2000

『논어』, 공자, 김형찬 옮김, 홍익출판사, 2005

『공자가어』, 왕유, 이민수 옮김, 을유문화사, 2008

『시경』, 김학주, 명문당, 2010

『시경』, 공자, 모형, 모장, 신동준 옮김, 인간사랑, 2020

『순자』, 김학주, 을유문화사, 2008

『한비자』, 한비자, 이운구 옮김, 한길사, 2002

『한비자』, 한비자, 김원중 옮김, 휴머니스트, 2016

『노자 도덕경』, 노자, 무공 옮김, 좋은땅, 2018

『도덕경』, 노자 , 오강남(평역), 현암사, 1995

『도덕경』, 노자 , 김원중, 휴머니스트, 2018

『노자가 옳았다』, 도올 김용옥, 통나무, 2020

『정관정요』, 오긍, 김원중 옮김, 글항아리, 2014

『주역』, 정이천, 심의용 옮김, 글항아리, 2015

『주역』, 서대원, 을유문화사, 2008

『대학, 중용』, 공자 외, 유교문화연구소 옮김, 성균관대학교 출판부, 2007

『대학, 중용』, 증자, 자사, 김원중 옮김, 휴머니스트, 2020

『일득록』, 정조, 남현희 옮김, 문자향, 2008

『자성록』, 이황, 최중석 옮김, 국학자료원, 2003

『금오신화』, 김시습, 이지하 옮김, 민음사, 2009

『난중일기』, 이순신, 노승석 옮김, 민음사, 2010

『내 인생의 논어 그 사람 공자』, 이덕일, 옥당, 2012

『죽기 전에 논어를 읽으며 장자를 꿈꾸고 맹자를 배워라』, 김세중, 스타북스, 2013

『그때 장자를 만났다』, 김상구, 흐름출판, 2014

『장자』, 장자, 풀빛, 2005

『장자』, 장자, 허세욱 옮김, 범우, 2010

『장자』, 장자, 김학주 옮김, 연암서가, 2010

『맹자』, 맹자, 박경환 옮김, 홍익출판사, 2009

『발해고』, 유득공, 송기호 옮김, 홍익출판사, 2013

『철학은 어떻게 삶의 무기가 되는가』, 야마구치 슈, 김윤경 옮김, 2019

『스티브잡스 업무의 기술45』, 구와바라 데루야, 김정환, 시그마북스, 2011

『아주 작은 습관의 힘』, 제임스 클리어, 이한이 옮김 , 비즈니스북스, 2019

『시련은 있어도 실패는 없다』, 정주영, 제삼기획, 2009

『생각 좀 하며 세상을 보자』, 이건희, 동아일보사, 1997

네이버 지식백과(사전)

『나를 세우는 옛 문장들』, 김세중, 생각연구소, 2014

『지금 시작하는 인문학』, 주현성, 더좋은책, 2015

『말공부』, 조윤제, 흐름출판, 2014

『공부하는 뇌』, 다니엘 G. 에이멘, 김성훈 옮김, 2020

『정리하는 뇌』, 대니얼 J. 레비틴, 김성훈 옮김, 2015

『공부머리 독서법』, 최승필, 책구루, 2019

『제자백가』, 김영수 역해, 동서문화사, 2009

『성학집요』, 이이, 김태환 옮김, 청어람미디어, 2007

『격몽요결』, 이이, 이민수 옮김, 을유문화사, 2003

『성호사설』, 이익, 최석기 옮김, 한길사, 1999

『명심보감』, 안형순, 심우섭, 교학사, 2013

『지봉유설정선』, 이수광, 정해렴, 현대실학사, 2000

『여유당전서를 독함(전3권)』, 최익한, 송찬섭 옮김, 서해문집, 2016

『유배지에서 보낸 편지』, 정약용 , 박석무 옮김, 창비, 2009

『목민심서』, 정약용, 장시광, 타임기획, 2005

『목민심서』, 정약용, 민족문화추진회, 솔, 1998

『3부 고전 1』, 박재희, 작은 씨앗, 2011

『3부 고전 2』, 박재희, 작은 씨앗, 2013

『사기 열전 1』, 사마천, 김원중 옮김, 민음사, 2015

『사기 열전 2』, 사마천, 김원중 옮김, 민음사, 2015

『사기 세가』, 사마천, 김원중 옮김, 민음사, 2015

『사기 본기』, 사마천, 김원중 옮김, 민음사, 2015

『사기 표』, 사마천, 김원중 옮김, 민음사, 2011

『사기의 인간 경영법』, 김영수, 김영사, 2008

『손자병법』, 손자, 김원중 옮김, 글항아리, 2015

『손자병법』, 손자, 유동환 옮김, 홍익출판사, 2000

『손자병법』, 손자, 유재주 옮김, 돋을새김, 2007

『손자병법』, 손자, 박삼수 옮김, 문예출판사, 2019

『채근담』, 홍자성, 김원중 옮김, 휴머니스트, 2017

『채근담』, 홍자성, 도광순 옮김, 문예출판사, 2012

『한용운의 채근담강의』, 한용운, 팬맥, 2005

『논어』, 공자, 김원중 옮김, 글항아리, 2015

『논어』, 공자, 이을호 옮김, 박영사, 1973

『논어』, 공자, 박종연 옮김, 을유문화사, 2006

『논어』, 공자, 황희경 옮김, 시공사, 2000

『논어』, 공자, 김형찬 옮김, 홍익출판사, 2005

『공자가어』, 왕유, 이민수 옮김, 을유문화사, 2008

『시경』, 김학주, 명문당, 2010

『시경』, 공자.모형.모장, 신동준 옮김, 인간사랑, 2020

『순자』, 김학주, 을유문화사, 2008

『한비자』, 한비자, 이운구 옮김, 한길사, 2002

『한비자』, 한비자, 김원중 옮김, 휴머니스트, 2016

『노자 도덕경』, 노자, 무공 옮김, 좋은땅, 2018

『도덕경』,노자 , 오강남(평역), 현암사, 1995

『도덕경』,노자 , 김원중, 휴머니스트, 2018

『노자가 옳았다』, 도올 김용옥, 통나무, 2020

『정관정요』, 오긍, 김원중 옮김, 글항아리, 2014

『주역』, 정이천, 심의용 옮김, 글항아리, 2015

『주역』, 서대원, 을유문화사, 2008

『대학, 중용』, 공자 외, 유교문화연구소 옮김, 성균관대학교 출판부, 2007

『대학, 중용』, 증자, 자사, 김원중 옮김, 휴머니스트, 2020

『일득록』, 정조, 남현희 옮김, 문자향, 2008

『자성록』, 이황, 최중석 옮김, 국학자료원, 2003

『금오신화』, 김시습, 이지하 옮김, 민음사, 2009

『난중일기』, 이순신, 노승석 옮김, 민음사, 2010

『내 인생의 논어 그 사람 공자』, 이덕일, 옥당, 2012

『죽기 전에 논어를 읽으며 장자를 꿈꾸고 맹자를 배워라』, 김세중, 스타북스, 2013

『그때 장자를 만났다』, 김상구, 흐름출판, 2014

『장자』, 장자, 풀빛, 2005

『장자』, 장자, 허세욱 옮김, 범우, 2010

『장자』, 장자, 김학주 옮김, 연암서가, 2010

『맹자』, 맹자, 박경환 옮김, 홍익출판사, 2009

『발해고』, 유득공, 송기호 옮김, 홍익출판사, 2013

『철학은 어떻게 삶의 무기가 되는가』, 야마구치 슈, 김윤경 옮김, 2019

『나를 세우는 옛 문장들』, 김세중, 생각연구소, 2014

『지금 시작하는 인문학』, 주현성, 더좋은책, 2015

『말공부』, 조윤제, 흐름출판, 2014

『공부하는 뇌』, 다니엘 G. 에이멘, 김성훈 옮김, 2020

『공부머리 독서법』, 최승필, 책구루, 2019

『제자백가』, 김영수 역해, 동서문화사, 2009

『성학집요』, 이이, 김태환 옮김, 청어람미디어, 2007

『격몽요결』, 이이, 이민수 옮김, 을유문화사, 2003

『성호사설』, 이익, 최석기 옮김, 한길사, 1999

『명심보감』, 안형순, 심우섭, 교학사, 2013

『지봉유설정선』, 이수광, 정해렴, 현대실학사, 2000

『여유당전서를 독함(전3권)』, 최익한, 송찬섭 옮김, 서해문집, 2016

『유배지에서 보낸 편지』, 정약용 , 박석무 옮김, 창비, 2009

『목민심서』, 정약용, 장시광, 타임기획, 2005

『목민심서』, 정약용, 민족문화추진회, 솔, 1998서양고전

『이솝우화』, 이솝, 천병희 옮김, 숲, 2013

『일리아스』, 호메로스, 천병희 옮김, 숲, 2015

『오뒷세이아』, 호메로스, 천병희 옮김, 숲, 2015

『역사』, 헤로도토스, 천병희 옮김, 숲, 2009

『펠로폰네소스 전쟁사』, 투퀴디데스, 천병희 옮김, 숲, 2011

『플루타르코 영웅전』, 플루타프코스, 천병희 옮김, 숲, 2010

『아이네이스』, 베르길리우스, 천병희 옮김, 숲, 2007

『변신이야기』, 오비디우스, 천병희 옮김, 숲, 2017

『키로파에디아』, 크세노폰, 이은종 옮김, 주영사, 2012

『그리스로마 에세이』, 키케로, 마르쿠스 아우렐리우스, 루키우스 안나이우스 세네카,

플루타르코스, 천병희 옮김, 숲, 2011

『게르마니아』, 타키투스, 천병희 옮김, 숲, 2012

『신곡』, 단테 알리기에리, 허인 옮김, 동서문화사, 2007

『신곡』, 단테 알리기에리, 이선종 옮김, 미래타임즈, 2018

『신낙원』, 존 밀턴, 이창배 옮김, 동서문화사, 2013

『곰브리치 세계사』, 에른스트 H. 곰브리치, 박민수 옮김, 비룡소, 2019

『명상록』, 마르쿠스 아우렐리우스, 천병희 옮김, 숲, 2016

『회상록』, 크세노폰, 천병희 옮김, 숲, 2018

『소크라테스의 변명』, 플라톤, 왕학수 옮김, 동서문화사, 2017

『플라톤전집』, 플라톤, 천병희 옮김, 숲, 2019

『향연』, 플라톤, 왕학수 옮김, 동서문화사, 2017

『법률』, 플라톤, 천병희 옮김, 숲, 2016

『국가』, 플라톤, 천병희 옮김, 숲, 2013

『국부론』, 애덤 스미스, 유인호 옮김, 동서문화사, 2008

『정의론』, 존 롤즈, 황경식 옮김, 이학사, 2003

『군주론』, 니콜로 마키아벨리, 신동준 옮김, 인간사랑, 2014

『자본론』, 칼 마르크스, 김문현 옮김, 동서문화사, 2008

『범주론 명제론』, 아리스토텔레스, 김진성 옮김, 이제이북스, 2005

『키케로의 의무론』, 키케로, 허승일 옮김, 서광사, 2006

『키케로의 최고선악론』, 키케로, 김창성 옮김, 서광사, 1999

『고백론』, 아우구스티누스, 박의경 옮김, 타임기획, 2006

『수사학 시학』, 아리스토텔레스, 천병희 옮김, 숲, 2017

『니코마코스 윤리학』, 아리스토텔레스, 천병희 옮김, 숲, 2013

『정치학』, 아리스토텔레스, 천병희 옮김, 숲, 2009

『인간불평등기원론』, 장 자크 루소, 최석기 옮김, 동서문화사, 2018

『사회계약론』, 장 자크 루소, 최석기 옮김, 동서문화사, 2018

『에픽테토스의 인생을 바라보는 지혜』, 에픽테토스. 강현규(엮음), 키와 블란츠 옮김,
메이트북스, 2019

『경제학철학초고』, 칼 마르크스, 김문현 옮김, 동서문화사, 2008

『공산당선언』, 칼 마르크스, 김문현 옮김, 동서문화사, 2008

『철학의 빈곤』, 칼 마르크스, 김문현 옮김, 동서문화사, 2008

『로마제국쇠망사』, 에드워드 기번, 황건 옮김, 까치, 2010

『고대 로마사』, 토머스 R. 마틴, 이종인 옮김, 책과 함께, 2015

『서양 중세사』, 브라이언 타이어니 . 시드니 페인터, 이연규 옮김, 집문당, 2019

『인간본성의 법칙』, 로버트 그린, 이지연 옮김, 위즈덤하우스, 2019

『괴델, 에셔, 바흐』, 더글라스 호프스태터, 박여성 옮김, 까치, 2017